幼兒遊戲

（第四版）

陳淑敏　著

陳淑敏

學歷：美國威斯康辛大學麥迪遜校區兒童與家庭研究博士

　　　國立高雄師範大學教育碩士

　　　國立臺灣師範大學文學士

經歷：國立屏東大學幼兒教育學系教授

　　　國立屏東教育大學幼兒教育學系教授

　　　國立屏東師範學院幼兒教育學系副教授

　　　哈佛大學人類發展與心理學系訪問學者

　　　普渡大學教育研究學系訪問學者

　　　教育部七十八年度公費留學考試幼兒教育學門榜首

　　　高雄中學輔導教師

　　　國中教師

四版序

　　教授「幼兒遊戲」這門課多年，教學方式也隨著學生的課堂反應不斷地調整。這些年來，都是從探究學生的「遊戲」觀點開始，請學生回憶童年印象最深刻的遊戲。在拋出這個問題的當下，我看到大部分學生的臉上都露出燦爛的笑容。我將學生的回答一一寫在黑板（或白板）上，再討論那些遊戲是她們／他們在多大年紀玩的。之後，再透過幾個進階式的問題，讓學生覺察她們／他們對遊戲的定義和學者對幼兒遊戲的定義之異同。

　　過去，學生幾乎都認為遊戲是在戶外進行的動態團體活動（例如：大風吹、老鷹捉小雞等）。近年來，學生的觀點稍有改變，有些學生認為只要是幼兒自願進行且能樂在其中的任何活動，都可視為遊戲。雖然，抱持這個觀點的學生比例還不多，但已可看到人數比例的緩慢成長。事實上，學生的遊戲觀點也反映了社會大眾對遊戲的看法。

　　回顧兒童發展的重要期刊後發現，1980 年代可說是幼兒遊戲相關研究的鼎盛時期，但在之後，相關的研究銳減。從 2010 年以後，這方面的研究幾乎寥寥可數。雖然遊戲相關的研究減少，但不意謂社會大眾，甚至幼兒教育工作者較能從幼兒的角度看待遊戲，就如我的學生所抱持的偏狹觀點。在觀察幼教現場及訪談幼教工作者後，也發現其中不乏對幼兒遊戲抱持前述觀點者。

　　此外，近年來由於教育理論的轉變，過去在幼兒園所安排的自由

遊戲課程,似乎逐漸被引導式遊戲所取代。遊戲不只是玩玩而已,幼教機構應該重視教育成效,「從遊戲中學習」不應只是一種口號,而應該重視教師在幼兒遊戲中的引導角色。然而,如何引導才不致回復到傳統的直接教學,卻是很多幼教工作者感到最難拿捏的問題,即使是有多年教學經驗的教師亦然。教師引導是我多年來一直在探究的議題,從對幼教現場的觀察及與幼教教師的合作研究,發現很多教師在這方面都還有極大的成長空間。

觀察幼兒遊戲可以了解個別幼兒在各方面的發展,但即使是修過「幼兒發展」課程的幼教系學生,似乎仍很難應用所學去分析個別幼兒的遊戲行為,從而了解其身心發展。因此,本書第四版延續前一版仍然在加強引導讀者對幼兒遊戲行為之分析的了解。更重要的是,幼教工作者不只要從遊戲觀察去了解個別幼兒的身心發展,更要知道如何進一步引導其發展,故本書第四版再增加引導式遊戲相關文獻之探討。此外,還增加對近年流行的數位遊戲和共融式遊戲場之探討,期盼對即將從事幼教的工作者及已在幼教現場的工作者能有所助益,使我們的幼教品質更為提升。

陳淑敏

前言

　　本書主要是從幼兒發展的角度去探討幼兒的遊戲。研究目的之一是探討遊戲與幼兒發展的關係，其次是探討幼兒遊戲行為之發展。本研究一方面採用文獻分析法，蒐集有關幼兒遊戲之相關資料，以進行理論和概念的分析、評論和詮釋。另一方面採用觀察研究法，針對幼兒的遊戲行為加以描述與分析，並且與理論互相驗證。

　　全書共分為下列十章：

　　第一章分別從幼兒和成人的觀點去探討遊戲的意義，並將遊戲與探索及規則遊戲加以比較與區分，以釐清遊戲對幼兒之意義。其次，探討遊戲的歷史，追溯幼兒遊戲行為存在的事實。再者，探討各家遊戲理論，並分析其優缺點與適用性。

　　第二章探討遊戲與幼兒發展的關係，分別從遊戲和動作技能、認知、語言、情緒、社會能力與社會認知發展的關係去加以探究。一方面從相關研究的結果去探究遊戲與不同發展層面的關係，另一方面從實驗研究的結果去探討遊戲對各層面發展之影響。研究發現，遊戲與發展的關係可能因遊戲類型、發展層面，以及使用的測驗作業而有不同。

　　第三章探討遊戲行為之發展，分別探討不同年齡之幼兒在體能活動遊戲、玩物遊戲、象徵遊戲、社會遊戲和語言遊戲所顯現的遊戲行為。研究發現，幼兒的各類遊戲行為會隨著其在身心各方面的發展而趨於豐富與精緻。

第四章探討研究幼兒遊戲所使用的方法，包括：使用量表以時間取樣的方法進行觀察記錄、使用量表觀察再輔以訪談，以及使用情境架構的方法進行觀察記錄，並比較此三種觀察紀錄方法的優缺點和適用情況。本研究以採用情境架構的觀察紀錄方法為主，深入去了解幼兒的遊戲行為，並對所觀察的行為加以分析和解釋。

　　第五章探討幼兒在遊戲中所使用的玩物，分別從玩物的演進、種類、與幼兒發展的關係、對幼兒遊戲行為的影響，以及玩具的安全性加以探討。研究發現，不同的玩具會引發幼兒不同的遊戲行為，玩具的選擇應配合幼兒的身心發展，並考量玩具的安全性。

　　第六章探討具有爭議性的遊戲議題，包括：電視對幼兒遊戲行為的影響、戰爭遊戲對幼兒攻擊行為的影響，以及數位科技之使用對幼兒發展的影響。研究發現，觀看電視不僅造成幼兒遊戲的時間減少，而且造成幼兒大量購買電視廣告的玩具、模仿扮演電視的角色人物。從幼兒觀看電視時，心智都處於被動狀態的情況而言，應該減少幼兒觀看電視的時間。雖然有關戰爭玩具和戰爭遊戲對幼兒攻擊行為的發生之研究結果並不一致，但是從戰爭玩具所造成的遊戲傷害之多來看，還是以盡量不提供此類玩具為宜。至於數位科技使用於幼兒的遊戲與學習是利還是弊，幼教工作者和家長的看法都有些矛盾，但目前的研究結果大都是正面的。

　　第七章探討幼兒的遊戲環境，包括：室內的和戶外的。室內的遊戲環境以空間密度合宜、有適當的區隔和安排，以及有安全性的考量者為佳。戶外的遊戲場以具有高度的複雜性、能提供多樣化的遊戲活動、彈性的遊戲器材或材料、適度的挑戰性，以及具有高度的安全性

者為佳。

　　第八章探討成人對幼兒遊戲的影響，分別從成人在幼兒遊戲中所扮演的角色、介入幼兒遊戲的時機和方式、退出幼兒遊戲的時機和方式，以及教師問問題的技巧等方面加以探究。成人經過觀察，在適當的時機以適當的方法介入幼兒的遊戲，能使幼兒的遊戲行為層次提高，也能讓幼兒從遊戲中獲得學習。

　　第九章探討遊戲之性別差異，包括：幼兒遊戲行為之性別差異、玩具選擇之性別差異，以及影響性別差異之因素。研究發現，男孩比較常進行動態的活動，女孩比較常進行靜態的、小團體的、有教師指導的活動；男孩比較常選擇交通玩具、戰爭玩具和建構玩具，女孩比較常選擇布偶和娃娃。男孩和女孩在這兩方面的差異可能與生物性因素有關，也可能是受到父母、教師、同儕或傳播媒體的影響。

　　第十章從廣義的遊戲定義探討幼兒如何從遊戲之中進行認知的學習，包括：語文、數學和科學的學習。教師如何透過引導，引發幼兒的興趣與學習動機，積極參與教師所設計的語文、數學和科學活動，並從中獲得知識的增長。

　　最後，遊戲是否能增進幼兒的發展，或者幼兒是否能表現較高層次的遊戲行為，須視成人能否提供適當的玩物與遊戲環境，並且在必要時給予適當的引導與協助。

目次

第一章
遊戲的意義

 第一節　遊戲的定義

　　王老師從來不做教學前的準備，她認為這樣的教學比較隨興。分組時間到了，她決定讓幼兒玩玩具。王老師說：「小朋友，現在我們要玩玩具，誰先舉手誰先選。」王老師話一說完，小朋友們馬上高高地舉起手，並且說：「老師，我！」王老師無法判斷誰最先舉手，只好隨便選了一位。被點到的小朋友，隨即去選了他想玩的玩具。接下來，王老師以相同的方法決定誰先選玩具。教室裡的玩具種類不多，數量也不多。老師點到浩浩的時候，浩浩說：「那些都不好玩。」然後指著湘維手上的玩具說：「我要那個。」王老師說：「不行，那個已經被別人選了，誰叫你不先舉手。」接下來的時間，浩浩手中拿著自己選擇的玩具，眼睛卻一直盯著別人手中的玩具。

　　……

　　瑩瑩從娃娃家的櫃子拿出一個紅色的圓盤子，走向在積木角的佳佳，問她說：「妳要吃什麼？」佳佳回答說：「媽媽，我要吃漢堡和汽水。」瑩瑩隨即轉身回娃娃家，走到放置食物模型的

矮櫃，拿出一個麵包放在盤子上，再拿了一個杯子。然後又快速地走向積木角，對著佳佳說：「趕快吃，等下要出去喔！」

什麼是遊戲？浩浩與瑩瑩是在遊戲嗎？遊戲的意義為何？不僅幼兒、教師的了解不盡相同，很多研究幼兒遊戲的學者專家對「遊戲」的定義也不一致。

一、不同的遊戲觀點

俗諺有云：「遊戲是兒童的工作。」在成人的世界裡，遊戲與工作是被截然劃分的兩種活動，而在幼兒的世界裡，遊戲與工作是否為相同的活動？King（1979）在觀察幼兒園幼兒的活動之後，詢問他們所進行過的活動是遊戲還是工作，以及他們如何做這樣的區分？幼兒的回答是：只有那些「沒有成人介入（involvement）的活動才可算是遊戲」。Chaille（1977）分別訪問 5 歲、7 歲、9 歲和 11 歲兒童，希望找出他們對遊戲的看法，結果發現：有些 5 歲幼兒認為被成人指定去做的活動也是遊戲，不過年齡愈大的兒童愈是認為「遊戲不是成人指定的活動」。Wing（1995）也以個別訪談的方式，詢問幼兒園以及國小一、二年級兒童如何界定遊戲與工作？他歸納整理受訪者所列舉的指標，其中被提及次數最多的三個，依次是：(1)是否是被指定去做；(2)是否有成人的期望與介入；(3)是否一定要完成，還是可以隨時停止。

綜合上述的研究可見：對年齡較大的兒童而言，沒有成人的強迫

與介入是界定遊戲的重要指標，而部分 5 歲幼兒對是否是由成人指派似乎不是很在意。但從筆者多年的現場觀察發現，有些中、大班幼兒很渴望每週有固定的自由遊戲時段，可以讓他們自由選擇想玩什麼玩具或進行什麼活動。

早期，發展學者也從兒童的角度定義遊戲。Rubin 等人（1983）綜合多位學者的觀點指出，幼兒遊戲應包含下列幾個特徵：

1. 遊戲是內在的動機而非外在的要求所引發。

2. 遊戲者重視的是遊戲的過程，而非遊戲的目的。

3. 遊戲不是探索行為（exploratory behavior）。

4. 遊戲具有非真實與假裝的成分。

5. 遊戲沒有外加的規則。

6. 遊戲是主動參與的活動。

受到 Vygotsky 理論的影響，自 1990 年代以來，成人如何引導幼兒遊戲以增進其學習和發展，成為幼教學者關注的主要議題（Wood, 2010）。有些學者認為，應將遊戲依其功能分為兩類：一類是自由遊戲（free play），即前述 Rubin 等人（1983）所定義的遊戲；另一類則是引導式遊戲（guided play），或稱為「教育遊戲」（educational play），係指介於自由遊戲與直接教導之間的發現學習取向（discovery-learning approach）（Fisher et al., 2013）。

從提供幼兒最佳的學習經驗而言，引導式遊戲有三大基本特徵：(1)成人應該有清楚的學習目標，並依此規劃遊戲活動；(2)不論遊戲是由幼兒還是成人所引發，遊戲中應容許幼兒有適度的選擇與操控權，並應盡可能由幼兒主導；(3)成人應該注意、解釋和回應幼兒在遊

戲的各種行為與反應，並且靈活地運用各種引導技巧（例如：使用開放式的問題、暗示、提示、示範），以了解幼兒的興趣和需求（Skene et al., 2022）。

幼教學者指出，自由遊戲是開放且不可預測的，完全由遊戲者自己掌控與主導。從這個角度看遊戲，是聚焦在了解幼兒的選擇、意圖，以及遊戲對幼兒的意義（Wood, 2010）。引導式遊戲則是教師與幼兒合作，一起創造有趣的經驗，以引發幼兒好奇進而主動參與意義建構的歷程。教師對幼兒的發現提供評語、和幼兒共同遊戲，以精心策畫的教材共同創造遊戲活動，來鷹架幼兒的學習（Fisher et al., 2013）。從教育的角度看遊戲，常賦予其對兒童當前與未來發展的意義，富有社會、經濟和教育的目標。因此，遊戲不只是遊戲，而是要有促進學習與發展的功效（Wood, 2010）。

二、遊戲與規則遊戲之區別

提到「遊戲」一詞，很多人馬上會聯想到小時候玩「老鷹捉小雞」、「一、二、三，木頭人」等的情景。這些活動即是學者專家所謂的「規則遊戲」。Avedon 與 Sutton-Smith（1971）將遊戲（play）與規則遊戲（game）加以比較，他們指出這兩者之差異在於：遊戲沒有固定的玩法，也沒有一定的結果；規則遊戲則有固定的玩法和可以預期的結果，因此可以重複地玩；在規則遊戲中，遊戲雙方通常是處於敵對與對立的狀態，而規則遊戲本身對遊戲者也是一種挑戰，遊戲中則不一定是如此。可見，遊戲不是只有規則遊戲，規則遊戲只是遊戲

的一種，近年來流行的桌上遊戲，大部分也屬於規則遊戲。

三、遊戲與探索之區別

　　或許受到兒童發展的遊戲觀點之影響，美國很多幼兒園每天都有固定的「自由遊戲」時間，讓幼兒能根據自己的喜好進行活動。多年前，國內有些幼兒園流行安排所謂的「自由探索」時間，其性質與國外的自由遊戲時間相同，但使用的名稱卻不同。探索與遊戲是否相同？嚴格地說，探索與遊戲並不相同，其區別在於：(1)探索是由刺激所支配（stimulus-dominated）的行為，遊戲則為有機體所支配（organism-dominated）的行為。換句話說，個體是為了了解某物（亦即獲得特定訊息）而進行探索，遊戲則不是為了了解事物而是為了滿足個體內在的需要；(2)探索通常發生在個體看到新奇的事物時，遊戲則在熟悉事物後才會發生；(3)個體在進行探索時，態度是小心而嚴肅的，在遊戲時則是輕鬆而愉快的；(4)個體在進行探索時，心跳是穩定的，在遊戲時則有較多變化；(5)個體在進行探索時，動作是呆板、重複的，在遊戲時，動作則是富有變化的（Hughes, 1991; Johnson et al., 1987）。

　　綜合上述，從教育觀點定義幼兒遊戲，所具有的活動特徵如下列所述：

1. 遊戲不是探索行為。

2. 遊戲可以是由個體，也可以是他人引發的行為（成人適當的引導，可以誘發幼兒的動機）。

3. 遊戲通常會帶給個體快樂,雖然間或夾雜驚恐的情緒(例如:搭乘雲霄飛車),但是大都帶給個體正向的情緒(positive emotions)。

4. 遊戲強調過程,但宜兼顧幼兒從中所獲得的學習(結果)。

5. 遊戲中的個體是主動而積極的。

 第二節 遊戲的歷史與理論

　　教育或心理學者對遊戲的看法紛歧,而他們的觀點都是受到當時社會與經濟環境的影響。不同的社會與經濟環境會產生不同的遊戲理論,因此,要了解遊戲理論必先了解該理論所產生的時代背景。

　　從古希臘羅馬時代的著作很少提到兒童的遊戲,可以推斷它並未受到當時學者專家的重視。Plato甚至認為,遊戲中的兒童是愚蠢的,「哲學王」(philosopher-kings)的培養不需要遊戲的活動。雖然遊戲不受重視,但是兒童遊戲的事實卻是存在。從考古學家挖出古羅馬時代的玩具,以及當時著作中片段的紀錄,可以約略知道當時兒童遊戲的情形。當時的兒童進行奔跑、跳躍、擲球和滾鐵圈的遊戲。

　　從古希臘羅馬時代到中古世紀,兒童遊戲的事實一直存在著,但是遊戲的價值卻始終為學者所忽視。直到18世紀的Rousseau才肯定遊戲的價值。他在《愛彌兒》(Émile)一書中曾經提到:應該讓愛彌兒赤足在花園中奔跑,讓其自由行動以及進行各種能增進體能的活動。

　　Rousseau 的《愛彌兒》一書給予哲學家 Schiller、教育家 Fröbel 與 Montessori 相當的啟示。Rousseau 認為，人雖生而自由，實際上卻為社會契約所束縛；Schiller 則認為，束縛人們的是現實（reality），透過遊戲可以使現實失去其嚴肅性，然而這種情形只有在經濟發展到人們不必為基本的生活需求而奔波時才可能發生。Schiller 又指出，遊戲可以調和理性與感性之衝突，使生活不致過於嚴肅。透過遊戲，人類可以滿足美、享樂、喜樂等慾望，由此個人得以更為完整（more whole）。為了讓幼兒可以從遊戲中學習，Fröbel 創立了幼兒園。雖然在他所創立的幼兒園中，幼兒必須依照教師的指示而非擁有充分的自由進行遊戲，但是此與當時以灌輸為主的幼兒教育相比，這已是一項創舉。之後，Montessori 也強調透過遊戲，讓幼兒獲得讀、寫、算的技能。雖然 Fröbel 與 Montessori 都重視幼兒遊戲，但是他們均強調遊戲的實用性。這個觀點與 Rousseau 強調給予幼兒充分的自由進行遊戲而不必在意遊戲結果之觀點相去甚遠，不過他們兩人的觀點卻反映了當時大多數人對遊戲的看法（Cohen, 1987）。

　　Rousseau 之後探討人類為何遊戲的著作漸多，以下僅就幾個主要理論分別敘述與探討。

一、古典理論

　　18 至 19 世紀的遊戲理論主要有四：(1)精力過剩論（Surplus Energy Theory）；(2)放鬆論與娛樂論（Relax and Recreaction Theory）；(3)練習論（Practice Theory）；(4)複演論（Recapitulation The-

ory）。這四種理論對遊戲發生的原因，各有不同的解釋，但是都沒有經過實際的驗證（Cohen, 1987; Frost, 1992; Johnson et al., 1987; Levy, 1978; Rubin et al., 1983）。

（一）精力過剩論

工業革命之後，由於機器取代了部分人力，工人開始有了休閒時間。雖然有了休閒時間但是仍然沒有休閒觀念，因此，社會大眾依然不敢心安理得地利用這個時間進行休閒活動。受到當時社會的影響，英國哲學家 Spencer 也認為遊戲不過是消耗多餘能量的活動。他指出，人類基本上是活躍的，因此，當個體的神經細胞有多餘的能量時，個體會去遊戲以消耗這些能量。

精力過剩論目前仍然被很多人所採用，任何人看到兒童玩的比成人多，不禁要從這個理論的觀點去解釋：這是因為兒童的飲食需求由成人所提供，所以有比較多的剩餘精力去進行遊戲。不過，並沒有科學的證據顯示，遊戲的發生是因為人們要消耗過剩的精力。此外，這個理論也很難解釋，為何有些兒童在玩到筋疲力竭的時候，仍然不願停止遊戲。

（二）放鬆論與娛樂論

相對於精力過剩論，娛樂論則視遊戲為精力不足時才會從事的活動，這個觀點最早見於 19 世紀德國哲學家 Lazarus 的著作。Lazarus 認為，工作使人消耗太多精力，以致於身體疲憊，而遊戲或娛樂活動則可以使人恢復體力。

　　20 世紀初期的哲學家 Patrick 延續了 Lazarus 的觀點指出，遊戲是基於放鬆的需求。Patrick 認為，現今的工作多半是需要抽象推理、集中注意與手眼協調的活動，這些工作比以前的勞力工作耗費個人更多的精力，透過遊戲，個人的心神得以鬆弛、精神得以恢復。

　　上述這兩個遊戲觀點，或許比較適合解釋成人而非兒童的遊戲或娛樂活動，因為兒童（尤其是幼兒）的大部分時間都在遊戲，甚至有「兒童的工作就是遊戲」的說法。此外，Patrick 的觀點也很難去解釋那些必須使用到認知技巧的遊戲。不過，從幼兒園中動態與靜態活動的交替安排，似乎也可看到這個理論的影響。

（三）練習論

　　Darwin 喜愛觀察嬰兒及猩猩的微笑與滑稽動作，對於動物的遊戲行為也很有興趣。受到 Darwin 的影響，哲學家 Groos 也透過觀察動物及人類的遊戲行為，完成了《動物的遊戲》（*The Play of Animals*）及《人類的遊戲》（*The Play of Man*）兩本書。在此兩書中，Groos 對遊戲有非常清楚的說明，他指出遊戲使動物更能適應所生存的環境。Groos 認為，幼年期是遊戲的時期，遊戲的功能是讓個體練習維生的基本技巧（例如：兒童扮家家酒是練習成人之家事活動）。愈高等的動物，其維生的技巧愈複雜，所以其幼年期也愈長。雖然 Groos 認為兒童從遊戲中可以獲得維生技巧，但是他也指出，事實上在遊戲中，兒童對遊戲的過程比遊戲的結果感興趣。此外，從今日社會的快速變遷來看，要利用現在或過去所學的技巧去應付未來社會的需要恐怕不太容易。兒童時期透過遊戲所學到的技巧，到了成人

時期恐怕已無法應付當時社會的需要。因此，以這個理論來解釋工業化的社會，兒童遊戲可能不適用，但卻能解釋尚未工業化的社會兒童之遊戲行為。

（四）複演論

受到 Darwin 理論的影響，有「兒童心理學之父」之稱的 Hall 主張，個體從嬰兒發展到成人的過程，與人類從猿人進化到現代人的過程相同。Hall 也從進化的觀點去解釋兒童的遊戲，他指出兒童在遊戲中，也在重演人類的進化史，例如：兒童爬樹反映了原始人類（猿人）的活動，飼養小動物反映了畜牧時代的活動，挖沙反映了農業時代的活動。

Hall 的觀點曾經招致很多批評，因為兒童遊戲行為發生的先後順序，並非如人類歷史演化的順序。此外，在現代化的社會中，兒童所玩的某些遊戲或玩具（如電動玩具），與人類過去的活動並無任何關聯。

早期的遊戲理論，都是從成人的觀點去解釋遊戲行為發生的原因，這些觀點都沒有經過實徵研究的驗證，因此招致很多的批評。雖然如此，這些遊戲理論的某些觀點，仍然影響了後來的學者，例如：Schiller、Spencer、Groos 等人曾提及，幼兒利用象徵性的符號進行活動以改變現實世界，這個觀點後來也出現在 Piaget 與 Vygotsky 的論著中。此外，他們三人都曾提到兒童的遊戲活動有感覺動作活動（sensory motor activity）、象徵遊戲（symbolic play）、規則遊戲

（game with rules）等不同方式，這個觀點先後經過 Buhler、Valentine、Isaacs、Piaget 和 Smilansky 等人的修改，而形成遊戲行為的發展模式。至於 Spencer 所謂遊戲中的「假裝」（as-if），也影響了Bateson、Garvey 等人的理論（Cohen, 1987; Frost, 1992; Johnson et al., 1987; Levy, 1978; Rubin et al., 1983）。

二、心理分析論

關於遊戲，心理分析論者所關心的是遊戲發生的原因及結果。心理分析論者認為，個體的生物性或心理性與外在社會互動時，會使神經產生緊張，個體會努力地去減除這些緊張，以保持心理的平衡。遊戲的發生就是為了解除心理的焦慮及衝突；遊戲的功能也是在控制因焦慮而產生的衝突，因著衝突的化解，個體的心理得以發展（Frost, 1992; Johnson et al., 1987; Levy, 1978; Rubin et al., 1983; Takhvar, 1988）。

從 Freud 的觀點而言，遊戲能提供個體滿足下列兩個基本需求：(1)長大的需求（the need to be grown up）；(2)承擔主動角色的需求（the need to assume an active role）。長大的需求是個體生物性成熟的壓力及社會與心理的壓力（透過觀察和模仿成人）交互作用的結果。透過遊戲，個體可以實現長大的需求，例如：幼兒喜歡在遊戲中扮演教師的角色，以滿足其成為教師的慾望。此外，遊戲是基於快樂原則（pleasure principle），透過遊戲，幼兒的希望得以實現，因著希望的實現而能獲得快樂。

其次，透過遊戲，幼兒能減輕心理的焦慮，並且獲得控制感（sense of mastery）。在現實生活的互動中可能有衝突發生，衝突易導致心理的焦慮；透過遊戲，幼兒能以現實社會所不許可的方式宣洩不愉快的情緒，例如：幼兒在被父親責打之後怒打布娃娃，以宣洩心中的怨氣。透過反覆地玩相同的遊戲，還能使幼兒撫平心裡的創傷，減低創傷經驗對自己的影響。

Brown 等人（1971）曾經舉例說明一群幼兒如何透過反覆的遊戲行為，處理創傷事件所產生的影響。以下是整個事件的經過情形：一群幼兒正在戶外遊戲的時候，看到一名要上去修理屋頂的工人，從樓梯上摔下來受了重傷，教師們迅速地叫來救護車把他送去醫院。這個意外事件發生之後的幾個星期，教師們看到這群幼兒常常在遊戲之中，把他們在意外發生時所見到的情形扮演出來。後來，扮演的次數逐漸減少，最後就不再出現。Brown 等人認為，在意外事件發生時，幼兒們都受到相當的驚嚇，透過遊戲反覆演出當時的情景，幼兒們驚嚇的程度遂逐漸降低，最後不再被這個意外事件所困擾。

Erikson（1950）強調遊戲對建立個體的「自我」之重要性，他認為透過遊戲，幼兒的動作與社會能力得以增進、自尊得以建立。Erikson 指出，遊戲行為的發展反映幼兒心理社會的發展，而幼兒遊戲行為的發展可以分為三個階段：第一個階段是從出生開始，稱為自我宇宙（autocosmic）階段，在這個階段，嬰兒從反覆探索自己的身體器官（如感覺、觸覺）而獲得快樂，並了解自己和他人有別；第二個階段稱為小宇宙（microcosmic）階段，大致發生在 2 歲的時候，在這個階段，幼兒從操弄周遭的玩具或玩物獲得控制周遭世界的感覺，由此

更為增進自我概念；第三個階段稱為大宇宙（macrocosmic）階段，大致從幼兒進入幼兒園開始，在這個階段，幼兒開始和他人共同遊戲。從和同伴互動中，社會技巧更為增進，自我概念更為增強。

　　心理分析學派的遊戲理論的最大缺點，是它們都未經過科學的驗證，雖然如此，它們所產生的影響卻相當深遠，例如：應用遊戲於心理諮商就是受到這個理論的影響。

三、Piaget 的遊戲理論

　　Piaget 從認知發展的觀點解釋遊戲，他認為認知發展影響兒童的遊戲行為，所以遊戲行為是了解兒童認知發展的指標。遊戲行為的發展分為三個階段，依序是練習遊戲（practice play）、象徵遊戲，以及規則遊戲。

　　Piaget 認為，個體認知的發展是適應環境的一種過程，在此過程中同化與調適作用不斷進行。同化是改變現實世界以符合現有的認知結構；調適則是改變現有的認知結構以符合現實世界。在遊戲中，幼兒將現實世界中的新事物、新情境及新行為納入現有的認知結構中。換句話說，透過遊戲，幼兒可以練習日常生活中新學到的技巧，使此技巧更為成熟；必要時甚至透過想像去改變現實世界，使它更符合現有的認知結構。因此，在遊戲中，認知上的同化作用大於調適作用（Piaget, 1962），例如：幼兒把竹竿當成馬，把積木當電話，都是改變現實以符合認知結構。因為幼兒在遊戲中主要是進行認知上的同化作用，而很少進行調適作用，所以遊戲對認知發展的幫助不大。

此外，Piaget（1962）也認為，遊戲的發生是基於快樂原則。嬰兒偶然從遊戲中學會控制自己的行為，由此獲得快樂，遊戲行為因而不斷出現。

從上述可見，從Piaget的觀點而言，認知發展會影響幼兒所表現的遊戲行為，但遊戲不會影響幼兒的認知發展；這個觀點曾經招致批評，尤其是 Sutton-Smith 反對遊戲對認知發展幫助不大的說法。Smilansky 則指出，兒童遊戲行為之發展並非完全符合 Piaget 所描述的三階段之情形。此外，他們二人都指出，隨著年齡的增長，兒童的遊戲行為並未減少，而是以更為複雜的形式（elaborate form）出現。

四、Vygotsky 的遊戲理論

蘇俄心理學家 Vygotsky 也曾經闡述他對幼兒遊戲的看法。Vygotsky（1978）主張行動的需求與動機，而非快樂是定義遊戲的重要指標。他認為可以讓兒童獲得快樂的活動很多，不只有遊戲而已，而強調輸贏的規則遊戲甚至還可能產生不愉快的結果。他又指出學齡前幼兒有其特殊的需求，但是他／她的需求不一定能如嬰兒期一般立即獲得滿足，藉由進入想像與幻想的世界，需求與慾望得以實現，而這個想像的世界就是遊戲。所以，遊戲和其他活動最大的區別是兒童在遊戲中創造一個想像的世界，而這也是定義遊戲的最重要指標。如果遊戲是無法立即滿足的慾望之實現，那麼遊戲本身自然帶有情緒的色彩。所以，遊戲不像數學中的代數，是使用符號的純認知活動，它還涉及遊戲者的動機，而動機才是定義遊戲的最重要指標。

　　與其他遊戲學者不同的另一個論點，是 Vygotsky 對遊戲規則的解釋。Vygotsky（1978）認為遊戲都內含規則，認為想像情境中任何形式的遊戲都包含行為的規則，例如：幼兒想像自己是媽媽，娃娃是小孩，他／她就必須思考母親這個角色應該有怎樣的行為舉止，並且遵守該行為的規則，但是在現實生活中，他／她不必思考自己的角色規則而作出舉動。針對這點，Vygotsky 又補充說明，想像遊戲中所內含的規則，不像規則遊戲中的規則是事先規定或在過程中加以修改，而是源自於想像情境。

　　Vygotsky 遊戲理論的另一個重點是，他特別強調遊戲對象徵思考能力發展的貢獻。他指出非常年幼的幼兒，他們的行動受到知覺刺激的導引，但也常常被知覺所限制。因此，剛開始使用單字（word）的幼兒，會把單字視為物品的一部分（字與物不可分離），而不是代表物品意義的符號（sign）。意義與知覺（視覺）的分離最早出現在學齡前階段（大約 3 歲及其以上）。透過遊戲，兒童逐漸能將思想和實物分離，行動源自於自己思想的導引而非知覺的刺激，例如，把一塊木頭當成娃娃，一根木棍當成馬。但是，這樣的能力是逐漸發展而來，不是一蹴而就。遊戲是學齡前幼兒從行動被知覺刺激所導引，過渡到能將思想和行動或實物分離的重要活動。遊戲中，一個物品，例如，一根棍子，變成了樞軸（pivot），用來代表具有代表真實的馬之「馬」的意義。由於處於過渡階段的幼兒還不能將思想與實物分離，為了想像一匹馬，他必須使用「在-棍子-的-馬」（"the-horse-in-the stick"）作為想像行動的樞軸。當幼兒能將意義與實物加以分離（不必借助實物，純粹以符號進行思考），高級心理歷程從此開展。

幼兒遊戲

綜合上述，Vygotsky 強調遊戲中情緒與智能的交互作用，此與心理分析論只強調遊戲的情緒層面有所不同。至於他主張遊戲能增進象徵能力和抽象思考能力之發展，亦即促進認知發展，則是他與 Piaget 的遊戲觀點最大不同之處。

五、Mead 的遊戲理論

社會學者 Mead 認為，遊戲是發展兒童自我意識（self-consciousness）的活動；透過遊戲，兒童逐漸能區別「自己的」（self）和「他人的」（other）觀點之不同。

Mead 對遊戲的分析，只限於角色扮演（role-playing）的遊戲。從 Mead 的觀點而言，遊戲經常發生在社會情境（social context）中，它必然包含溝通行為；因此，在兒童尚未獲得語言能力之前，他不可能有遊戲行為。在遊戲之中，兒童扮演他人的角色，以他人的角色和自己對話，從他人的立場來看自己，例如：兒童扮演教師，以教師的角色責備自己不乖，他之所以這樣扮演，可能是生活周遭的人曾經這樣指責他。遊戲能使兒童從他人的立場客觀地看待自己，從而建立自我意識（Alder & Alder, 1986; Monighan-Nourot et al., 1987）。

六、遊戲行為的生態理論——刺激調整論

最早，Hebb 曾提出最佳刺激水準（optimal levels of arousal）的觀點，後來，Berlyne 將此觀點加以延伸，而提出刺激調整論；最後

Ellis引用Berlyne的理論解釋遊戲行為。Berlyne認為,人類經常從周遭環境中追求刺激,這種行為純粹只是為了得到刺激本身,而非為了降低生理的驅力。刺激的來源有三:外在的、內在的和大腦皮質的。刺激又可分為三個向度:強度(例如:噪音的大小)、意義(刺激對個體的重要性)、變化(刺激的新奇或不可預期)。刺激的強度、意義與變化三個向度共同作用,而影響個體的興奮程度。人類是尋求刺激的動物,當基本的生理需求滿足後,就開始不停地探索、發明與創造,以獲得刺激。每一個個體對刺激的需求不同,對低刺激追求者(low-arousal seeker)而言,閱讀一本偵探小說也許就能達到最佳的刺激水準;但是對高刺激尋求者(high-arousal seeker)而言,或許要去衝浪才能達到最佳的刺激水準。

刺激調整論是從個體與環境互動時,個體本身的刺激特質(stimulus properties)去解釋遊戲行為。Ellis認為,遊戲是一種刺激尋求的行為,它的功能即在製造刺激,使中樞神經系統保持最佳的刺激水準(Hughes, 1991; Levy, 1978; Rubin et al., 1983; Shultz, 1979)。

七、Bateson 的遊戲理論

人類學者Bateson研究溝通與後設溝通(metacommunication)在遊戲中的意義。透過遊戲前的宣告,例如:向別人使個眼色或提高聲調,讓別人知道「這只是遊戲」,這種人際互動中的溝通,能將遊戲行為與現實世界劃清界限。這種溝通行為也是一種後設溝通,例如:在玩打架的遊戲之前,幼兒會先做好「我們玩假的」之溝通,否則當

他出手攻擊別人時，別人就會誤以為真而重重地還手。

因此，從Bateson的觀點而言，遊戲是一種似非而是（paradox）的行為。遊戲時，遊戲者指出某事物是如此，同時又非如此，例如：我說我是媽媽，但我不是真正的媽媽，我不過是假裝罷了。遊戲時的幼兒所說的和他們原來所想的剛好相反，所傳達的意義和他們所說的也正好相反。換句話說，幼兒將事實做相反的陳述，例如：幼兒對自己只是一個毫無權力的小孩之事實感到不安，因此在遊戲中就宣稱自己是無敵女超人（Johnson et al., 1987; Monighan-Nourot et al., 1987; Rubin et al., 1983; Yawkey & Pellegrini, 1984）。

八、Sutton-Smith 的遊戲理論

Sutton-Smith 認為，遊戲提供個人社會學習的機會，在這樣的學習中，個人可以不必擔心會遭遇失敗。Sutton-Smith 強調環境、文化及歷史對遊戲之重要性。從跨文化的研究中，Sutton-Smith 發現育兒方式與遊戲行為有密切相關。不同的育兒方式會造成幼兒不同的焦慮，為了減少焦慮所帶來的壓力，幼兒進行遊戲時，在遊戲中會模仿該社會中成人的行為。因此，不同的文化環境有不同的遊戲行為，要充分了解幼兒的遊戲，必須先了解其所生存的文化環境。因為幼兒的遊戲受到文化環境的影響，所以文化的改變，也常常反映在幼兒的遊戲活動中。

此外，Sutton-Smith 還強調遊戲對認知發展的重要性，他認為象徵遊戲中的「假裝」使幼兒能暫時跳脫現實世界，進行角色轉換，如

此能有助於擴散思考的發展（Sutton-Smith, 1966, 1967, 1986）。

九、演化論

　　演化論和古典的練習論同樣受到 Darwin 理論的影響，或可謂承續古典的練習論。演化論者（如 Geary）認為，遊戲具有訓練未來成人生活所需生活技巧的功能，例如：強化兒童行為的性別差異是為了預備未來成年男女的生活（引自 Gredlein & Bjorklund, 2005）。實驗研究發現，遊戲中使用工具的行為，能促進 3 歲幼兒使用工具解決問題的能力，這個研究發現似乎支持演化論（Gredlein & Bjorklund, 2005）。跨文化的研究發現，男女孩的遊戲與其文化中成人的工作類型密切相關。雖然遊戲耗費時間和精力，且可能造成傷害甚至死亡，但卻是提供發展生活技巧（例如：打鬥與狩獵）較為安全的途徑。對利比亞克卜勒族的研究發現，4 至 11 歲兒童的假裝遊戲大都複製成人的工作行為，例如：男孩在遊戲中常使用成年男子在工作中常用的工具，不論其為真實或虛構的。在衣索匹亞的研究也發現，兒童常跟隨同性父母，觀察及模仿其工作行為，男孩常使用父親提供的小工具模仿其工作，女孩則模仿母親做家事。在尚未工業化的社會中，當兒童轉變為成人，其遊戲行為也轉變成工作行為。

　　上述各個遊戲理論分別從不同的角度去探討遊戲，有些探討遊戲產生的原因，有些探討遊戲過程中所呈現的種種現象，有些探討遊戲

行為的發展，有些探討遊戲對幼兒發展的影響，透過這些理論，我們能夠更深入、更廣泛地認識幼兒的遊戲。

第二章
遊戲與發展及學習

　　雖然幼兒常常不為其他目的而只是為了遊戲而遊戲，但是成人卻很關心遊戲是否能增進幼兒的學習。這樣的關切，也顯現在幼教學者近年來對遊戲的研究上。當今有關遊戲的探討大都圍繞在遊戲的品質與功效，亦即探討是不是所有的兒童都能從遊戲獲得最佳的教育（Wood, 2010），例如：以 701 所接受美國各州政府補助的幼兒園所進行的研究指出，透過觀察 2,751 名 4 歲幼兒，將其學習分成自由遊戲、個別化學習（獨立操作學習）、團體教學，以及引導式學習等四類，比較經過一年的學習，哪一類幼兒的學習預備度進步較多。結果顯示：以自由遊戲為主要學習方式的幼兒，比接受其他學習類型的幼兒，在語言／語文和數學上進步的狀況顯著較少（Chien et al., 2010）。在整理多篇研究並加以分析之後，Skene 等人（2022）則發現，比起直接教學或自由遊戲，引導式遊戲較能增進早期的數學技巧、形狀知識，以及活動操作轉換（task switching）之能力。

　　上述二個研究都顯示：自由遊戲比較不能增進幼兒的語言／語文和數學學習。然而，在 Chien 等人（2010）的研究中，自由遊戲學習類型的幼兒卻占全體的 51%。顯然，自由遊戲仍然是大半幼兒的主要學習活動，不過幼兒園的學習不應只有語言／語文和數學兩個領域而已，而應兼顧各個領域，也應能促進各方面的發展。因此，以下的探討包含各種遊戲類型對幼兒各方面的發展及各領域學習的影響。

幼兒遊戲

第一節　動作技能發展

　　遊戲能增進動作技能的發展或許是人盡皆知的事實，然而卻也是遊戲研究者最少去關心的層面。動作技能的發展包括下列三方面：體能（physical fitness）、知覺動作（perceptual-motor development），以及移動技能的發展。體能是指，個人的身體器官與肌肉組織都能發揮有效的功能；知覺動作是指，感覺器官能否正確地接收訊息，並做出適當動作加以反應的能力；移動技能包括：基本的運動技能（loco-motor skills）、操作技能（manipulative skills），以及平衡技能（balance skills）（Frost, 1992）。

　　近年來，神經心理學的研究顯示，生理的發展是心智能力發展的基礎。嬰幼兒是感覺動作發展的主要階段，良好的感覺統合是幼兒將來認知學習的根基（高麗芷，1994）。高麗芷（1994）指出，要幫助嬰幼兒發展感覺統合的功能，父母不妨多愛撫孩子、提供幼兒乾淨而自由的遊戲空間，並且鼓勵孩子多運動。

　　根據研究顯示，1980 年代的美國兒童由於觀看電視的時間太長以及食用太多的垃圾食物，肥胖者比 1960 年代的兒童為多，而體能卻較衰弱（Frost, 1992）。同樣的情形也發生在現在的臺灣。近年來，臺灣因經濟水準的提升，兒童在營養上的攝取充足，國小學童的身高與體重都有明顯的增長（方瑞民，1983）。然而，由於激烈的升學競爭，兒童花費很多時間在讀、寫、算的練習，因而缺乏體能活動的機會。除此之外，臺灣因地狹人稠、居住空間狹小和交通混亂，使

得父母不敢隨意讓孩子在戶外遊戲，所以兒童的活動大都以室內的靜態活動為主，例如：看電視；玩手機、平板和數位遊戲。由於上述種種原因，過度肥胖的兒童有增加之趨勢。調查顯示：2013 至 2016 年和 2017 至 2020 年，台灣 7 至 12 歲兒童過重加上肥胖的比率分別是28.4%、26.7%，在這兩個年段有過重／肥胖問題的人口都超過四分之一（衛生福利部國民健康署，2019，2022）。至於臺灣學童的體能為何，與美國的國小學童相比，方瑞民（1983）發現除了立定跳遠與耐力跑相差無幾外，在速度性與肌耐力的仰臥起坐上，臺灣學童均遠遜於美國學童。

　　幼兒園中常見的體能活動有遊戲場中的自由遊戲與每週固定時間的體能課。這兩種體能活動何者較能增進幼兒的體能，研究結果並不一致。有些研究發現，接受動作技巧直接教學的 5 歲幼兒，在動作技能的測驗表現較佳（Frost, 1992）。計畫性的體能活動課程對身體發展有障礙的幼兒比較有幫助。然而，體能課常常花費很多的時間在排隊、等待、搬運器材，以及聆聽教師的指示，真正讓幼兒進行體能活動的時間相當有限。Mayers 比較 5 歲幼兒在不同的體能活動所表現的動作行為，結果發現在設備完善的遊戲場自由遊戲的幼兒比上體能課的幼兒，能夠表現較多的動作行為（引自 Frost, 1992）。

　　在地狹人稠的臺灣，幼兒園要擁有一個設備完善的遊戲場誠屬不易，因此很多幼兒園都安排體能課，以增進幼兒的體能。然而，很多幼兒園上課的情形也和 Mayers 所提到的情形相仿：幼兒多半是在排隊、等待和聆聽教師的指示，真正進行體能活動的時間很少。如何改善目前體能課實施的情況，讓幼兒有較多的時間進行體能活動，減少

浪費在排隊和等待的時間，確實值得園方去思考。

第二節　認知發展

　　我們常說：「遊戲中學習」，而一般人所謂的學習大都是指認知的學習。若從遊戲能否增進認知發展來看，1965 年諾貝爾物理獎得主 Richard Feynman 的學習過程即提供這個問題的最佳解答。從出生開始，Feynman 的父親（老 Feynman）就開始引導他觀察周遭的世界，透過提問誘發 Feynman 觀察與思考自然現象成因的興趣，並培養其能力。父親的引導培養了 Feynman 敏銳的觀察力及對自然科學的濃厚興趣。對 Feynman 而言，對於自然現象的探究就像在玩遊戲般，而他就從玩樂之中獲得了諾貝爾物理獎（尹萍、王碧譯，2003）。

　　不過，Feynman 的例子只是一個個案，遊戲能否增進大部分幼兒的認知發展一直是研究遊戲的學者及幼教工作者最關心的主題，有關的研究不少，但是結果並不一致。

一、智商

　　遊戲能否增進智商，認知心理學者的研究提供了最佳的證據。羅馬尼亞共產政權垮臺之後，很多心理學者前往這個國家研究收容在養育機構的孩子。這些孩子都是因當時的獨裁者 Nicolae Ceauşescu 為提高羅馬尼亞人口、增強國力，實施禁止墮胎和離婚的政策之後，導致

出生人口倍增，家庭無力撫養，在出生之後隨即被棄養而後安置在收養機構。但收養機構的照顧人手不足，只能提供嬰兒最起碼的物質溫飽，未能提供玩具及與成人的互動。因為在養育環境長期遭受嚴重剝奪，大部分嬰兒的大腦缺乏活動、致智商低下，且未能與他人形成依附關係。即使後來有些孩童被西方其他國家的家庭收養，但早期的剝奪卻已造成難以彌補的傷害。2 歲以後才離開養育機構的孩子，智商大都難以提升，也難以和收養家庭建立依附關係（Fox, 2009）。

　　對於在正常環境生長的幼兒而言，遊戲與智商之關係，還會因遊戲的類型而異。以 4 歲幼兒為對象的相關研究發現，經常從事功能性遊戲之幼兒智商分數較低〔在「畢保德圖畫詞彙測驗」（Peabody Picture Vocabulary Test, PPVT）與「瑞文氏智力測驗」（Raven Progressive Matrices, RPM）的得分〕，而經常從事建構遊戲的幼兒智商分數較高；象徵遊戲則與智商分數無關（Johnson et al., 1982）。此外，研究也發現經常進行功能性遊戲的 4 歲幼兒，其分類能力較低（Rubin & Maioni, 1975）。實驗研究亦發現，幼兒在接受社會劇遊戲或主題幻想遊戲訓練之後，智商分數較前提高（Saltz & Johnson, 1974; Saltz et al., 1977）。有些研究更發現，經過遊戲訓練所提高的智商，能持續一段時間而不衰退（Smilansky, 1968）。

　　從相關研究的結果並無法得知，究竟是建構遊戲能夠提高幼兒的智商而功能性遊戲不能，還是要從事建構遊戲必須要有相當的智商，而功能性遊戲則否。然而，從實驗研究的結果似乎可以推論：從事社會劇遊戲或主題幻想遊戲能夠提高幼兒的智商。不過，Lillard 等人（2013）在整理了 14 篇針對象徵遊戲（包括單獨象徵遊戲和社會劇

遊戲）與智力關係之研究後，結果發現其中的相關研究（8 篇）顯示，幼兒表現的遊戲行為層次與智商有相關，但不確定是遊戲行為層次影響了智商，還是智商影響了遊戲行為層次；然而，有對幼兒進行象徵遊戲訓練的研究（6篇）卻發現，遊戲訓練的效果並不比其他方式的成人介入（例如：音樂教學）更能提高幼兒的智商。

二、認知控制

認知控制又稱執行功能（executive function），其核心技巧包括：(1)抑制控制：例如能抵制習慣、誘惑和分心；(2)工作記憶：例如能在心中保留與使用訊息；(3)認知靈活性：能適應改變。近來的研究顯示，認知控制比智商及入學時的讀、寫、算水準，更能預測後來的學習成就。實驗研究顯示：將精心規劃的認知控制增進課程融入遊戲之中，能有效提升來自低收入家庭學齡前幼兒的認知控制，降低後來必須接受特殊教育的風險（Diamond et al., 2007）。

三、保留能力

保留能力（conservation）是指，了解物品的某些屬性，不會隨著外形的改變而發生變化的能力。Golomb 與 Cornelius（1977）發現，經過象徵遊戲訓練之後，幼兒的保留能力能夠有所增進。他們認為幼兒在進行象徵遊戲時，仍然能清楚地區分幻想與現實，例如：當幼兒正在扮演超人的時候，如果母親叫喚他，他會立刻回到現實世界。同

樣地，幼兒雖然把一塊黏土當做蛋糕，但是他不會真的咬它一口。由此推論：能從事象徵遊戲的幼兒，其思想具有擬似的可逆性（pseudo reversibility），他能分辨事物的真實情況與暫時的轉換（temporary transformation）。思想的擬似可逆性與思考的可逆性有關，而思考具有可逆性，也就是具有保留能力的表現。

不過，Lillard 等人（2013）整理了 9 篇針對象徵遊戲與保留能力關係之研究（包括：3 篇相關研究、6 篇有施予幼兒象徵遊戲訓練之研究），結果顯示：沒有足夠的證據支持象徵遊戲可以增進幼兒的保留能力。

四、問題解決能力

使用工具解決問題是個體在面對維持或改變與環境之關係所做出的行動。最早，Kohler（1925）曾經設計問題解決情境，並觀察黑猩猩的行為，這是心理學上非常著名的實驗（引自 Gredlein & Bjorklund, 2005）。認知心理學者 Piaget（1954）對嬰兒長期的觀察後發現，個體出生第一年就出現工具使用的行為，例如：使用湯匙或其他食器。後來，Kohler 的實驗設計被改編，並應用在遊戲與幼兒問題解決能力關係之研究。

在這類研究中，有些是由實驗者提供長棍與夾子讓一組幼兒自由去玩，另一組幼兒則觀看實驗者如何以夾子連接兩根木棍，再利用這兩根木棍去撈得遠處的彈珠。最後，所有的幼兒再接受後測（利用棍子去取得放在超過一根棍子長度之距離的粉筆）。研究結果顯示：自

由遊戲組的幼兒與觀看實驗者示範的幼兒，在後測中都能熟練地解決問題，而這兩組的表現都比控制組佳（Simon & Smith, 1985; Sylva, 1977; Sylva et al., 1976）。

後來，Smith 與 Dutton（1979）將上述實驗稍加改變，在後測中增加以三根棍子連結取物的測驗。結果發現，當只需要兩根棍子連結就能取物時，自由遊戲組的兒童與受過解題訓練的兒童表現得一樣好，而且都比控制組好；但是，當目的物放在超過連結兩根棍子才能搆到的距離時，自由遊戲組的兒童表現得比其他兩組都好。然而，自由遊戲組的兒童表現較佳，究竟是實驗處理的效果還是計分時的偏差？Smith 與 Dutton 進行複製研究後，結果發現是計分的偏差使實驗的效果顯現出來。

在後續的研究及另一個複製研究中（Simon & Smith, 1985），他們使用方法來防止計分的偏差，結果發現實驗組在問題解決能力測驗上的表現並未優於控制組。

之後，Smith 與 Whitney（1987）又探究各類遊戲行為與創造力之關係。在實驗期間，一組幼兒進行幻想遊戲，另一組幼兒進行自由遊戲，還有一組幼兒進行模仿活動，另外的控制組幼兒進行著色畫。在控制計分的偏差之後，各組幼兒在創造力測驗上的表現並沒有顯著差異。Smith 與 Whitney 認為，研究者的偏見是造成以往的研究產生顯著結果的原因，因此遊戲與問題解決能力並不相關。

綜合上述，遊戲與問題解決能力是否相關，研究結果並不一致。另外有些研究發現，遊戲與問題解決能力的關係可能還會因問題類型和幼兒年齡而有變化。Vandenberg（1981）使用兩個問題作業

（task），研究遊戲對不同問題之解決能力以及對不同年齡（4至10歲）兒童的問題解決能力之影響。第一個作業是給兒童兩根棍子，讓他們利用這兩根棍子去構到只利用其中任何一根棍子無法構到的彩色積木；第二個作業則是給予兒童兩支清潔管子的刷子，讓兒童利用這兩支刷子取出塞在一支透明管子裡面的海綿。結果顯示，自由遊戲組的兒童在第一個作業的表現優於控制組，但是在第二個作業中，兩組之間並無顯著差異。此外，研究還顯示遊戲對問題解決能力的影響，以 6 歲與 7 歲的兒童較為顯著。

Pepler 與 Ross（1981）則以另一種問題來研究遊戲與問題解決能力的關係。在研究中，實驗者給予一組幼兒拼圖塊及其底板，並要求他們進行拼圖活動；另一組幼兒則只有拼圖塊而無其底板，他們只被允許利用這些拼圖塊進行活動。結果發現在遊戲時段中，前一組的幼兒大部分時間都在進行拼圖，而後一組幼兒先對拼圖塊加以探索，再利用它們進行建構與象徵遊戲。遊戲結束之後再進行後測。結果發現後測時，測驗所用的拼圖塊與之前遊戲時間所用者相似時，前一組幼兒的表現優於後一組。但是，當後測的拼圖塊與之前遊戲時所用者不同時，後一組的表現顯然較佳，尤其是那些以拼圖塊進行象徵遊戲的幼兒表現最佳。

然而，Hughes 的研究結果卻和 Pepler 與 Ross 的研究有所不同。Hughes 先利用棍子設計情境誘發幼兒進行玩物遊戲或象徵遊戲，然後再使用 Sylva 等人（1976）所設計的問題，測驗幼兒的問題解決能力。結果卻發現：對玩物加以探索與把玩的幼兒，比利用玩物進行象徵遊戲的幼兒，較能解決問題。Hughes 因此認為，象徵遊戲有時不

但不能幫助幼兒學習,反而會阻礙幼兒學習(引自 Hutt et al., 1989)。

Lillard 等人(2013)整理了 12 篇針對遊戲與問題解決能力的關係之研究(包括:4 篇相關研究、8 篇實驗研究),結果發現:(1)建構遊戲與問題解決能力有相關,而象徵遊戲與問題解決能力則無相關;(2)從實驗研究的結果更可確定建構遊戲與問題解決能力之間的關係,而象徵遊戲則與問題解決能力沒有關係。

五、創造力

創造力是指思考的流暢性(fluency)、變通性與原創性(originality)。遊戲特質(playfulness)則包括:自發性、喜樂(manifest joy)與幽默感。有關遊戲與創造力的相關研究都發現,具有遊戲特質的幼兒,也是比較具有創造力的幼兒。Liberman(1965)發現,被幼兒園教師評定具有幽默特質的幼兒,其思考較具流暢性(能想出很多符合某一標準的答案)、變通性(能想出各種不同的答案),以及原創性(能想出獨特的答案)。Singer 與 Rummo(1973)也發現,具有高度創造力的男孩比較好奇、幽默、好玩,以及善於溝通和表達。Hutt 與 Bhavanani(1976)發現,在看到新玩具時會加以把玩並且變化玩法的男孩,比那些只是盯著玩具而不玩或只以固定玩法玩玩具的男孩,顯著地具有創造力。

雖然遊戲與幼兒創造力的相關研究顯示兩者之間有顯著關係,但是仍然不能由此推論遊戲能增進幼兒的創造力,不過從相當多的實驗研究結果,卻可以推論遊戲確實能增進幼兒的創造力。研究顯示,被

允許自由玩玩具的幼兒（實驗組），比只能模仿或觀看實驗者玩玩具的幼兒，能說出較多玩具的創意用途（非玩具原先所設計的用途）（Dansky & Silverman, 1973, 1975; Hutt et al., 1989）。另一個研究顯示，接受過社會劇遊戲訓練的幼兒，比控制組幼兒具有原創力（能賦予圖片較不尋常的名稱）（Feitelson & Ross, 1973）。

　　遊戲與幼兒創造力的關係，還因遊戲經驗、玩具結構及遊戲類型等因素而有不同。幼兒對於遊戲中經常玩的物品，比不常玩的物品能夠想出較多的用法（Sutton-Smith, 1968）。在遊戲中進行幻想或「假裝」活動的幼兒，能對不熟悉的物品說出比較多創意的用途（Dansky, 1980）。在實驗期間進行自由遊戲與「假裝」遊戲的幼兒（實驗組），都比進行過其他非遊戲活動的幼兒，較能對熟悉的物品想出更多的用途；但是只有進行「假裝」遊戲的幼兒，能對不熟悉的物品想出較多創意的用途（Li, 1978）。

　　上述研究都顯示，假裝遊戲（又稱幻想遊戲）與創造力有關，不過這些研究都沒有明確指出哪一類的幻想遊戲與創造力有關。Johnson（1976）發現，只有社會幻想遊戲（social fantasy play）與擴散性思考有顯著相關，而非社會幻想遊戲（nonsocial fantasy play）與創造力無關。

　　然而，最近有研究者整理了 24 篇針對幻想遊戲與創造力關係之研究（包括：8 篇相關研究、10 篇實驗研究、6 篇有提供幼兒遊戲訓練之研究），其中有些研究發現象徵遊戲與創造力有相關，有些則否；在排除不同研究提供的成人與幼兒之互動及玩具等因素的干擾之後，象徵遊戲與創造力之關係已不復存在（Lillard et al., 2013）。

六、數邏輯與科學概念

Fleer（2010）指出，沒有一個遊戲理論特別聚焦在促進概念發展。遊戲能否增進概念發展，有關的研究也極少。筆者在進行象徵遊戲觀察時，曾經聽到幼兒之間的對話觸及概念的討論，當時的情境與對話如下：

> 在嘗試實施主題教學的幼兒園大班，一群幼兒正玩著扮演遊戲，有些頭上還戴著動物頭套。雖然扮演之前·教師曾和幼兒討論過·但扮演時教師並未介入。扮演螞蟻的志豪突然問：「小螞蟻也是動物嗎？」欣欣大聲回答：「是。」

有些幼兒以為動物園裡看到的那些大型動物才是動物，而不知道螞蟻也是動物的一種。教師若仔細傾聽幼兒在遊戲中的對話，或許也能由此引導幼兒進一步去探究相關的概念，增進幼兒的概念理解。

遊戲能否增進幼兒的數邏輯概念發展？相關研究顯示：父母在與3歲幼兒進行積木組合時，使用較多空間語詞（例如：大、小、在…之間、在下面、在後面）進行引導者，其子女在數學測驗（唱數、數數、序數、10 以內的合成和分解）的表現均較佳（Verdine et al., 2014）。以低收入家庭4至5歲幼兒進行的實驗研究，提供幼兒在兩週內玩四次 19 至 20 分鐘的棋類遊戲；實驗組幼兒使用的棋盤上，每一方格都貼著 1～10 的其中一個數字，控制組幼兒使用的棋盤上，則

貼著不同顏色。該研究顯示，經過四次遊戲之後，實驗組幼兒在唱數、數字大小，以及使用數字順序進行長度估量上，都比控制組幼兒顯著進步，這樣的差異甚至在九週之後的再測仍然存在（Ramani & Siegler, 2008）。

　　另外，針對遊戲對形狀概念影響之實驗研究顯示，進行引導式遊戲的幼兒對形狀的理解，較接受直接教導或進行自由遊戲的幼兒為佳。純粹自由遊戲，無法提供幼兒足夠訊息以學習特定概念。成人引導能吸引幼兒的注意力並導引幼兒的探究方向，增進意義建構，鞏固幼兒的學習（Fisher et al., 2013），此研究結果與本章之始所引述的研究結果（Wood, 2010; Skene et al., 2022）類似。由此可見，成人引導在幼兒遊戲中扮演相當重要的角色，此留待第八章再深入討論。

　　另一個探討遊戲與幼兒空間概念關係的研究是：研究者從幼兒26個月大開始直到46個月大，每隔四個月觀察他們與主要照顧者在家中的遊戲互動狀況，總共觀察6次，到幼兒54個月大時，再施予幾何圖形空間轉換測驗。研究結果顯示：在觀察期間，有玩拼圖的幼兒，比不玩拼圖者表現較佳的空間轉換能力（Levine et al., 2012）。

　　遊戲與推理能力之關係又是如何？Lillard等人（2013）整理與探討了6篇探究象徵遊戲與推理（reasoning）能力關係之實驗研究。推理是指，能根據實驗者所提供的錯誤前提（premise），做邏輯演繹推理，例如：「狗住在樹上，小花是一隻狗，請問小花是不是住在樹上？」結果顯示：處於象徵遊戲的情境，幼兒比較會去澄清實驗者的意圖，並根據實驗者提供的前提進行邏輯推理。

第三節 語言發展

　　嬰幼兒時期是語言發展的重要階段，而語言的學習則以生活情境中的自然交談最為有效。如果說幼兒的生活就是遊戲，那麼遊戲可能是增進幼兒語言發展的良好媒介之一，因為遊戲提供幼兒很多語言互動的機會。

　　早在嬰兒期，嬰兒就常常嘗試發出各種不同的聲音，或反覆發出相同的語音，並以此自娛；但與照顧者的互動，卻是嬰兒語言得以發展的重要因素。本章第二節提到 Fox（2009）的研究，也發現那些出生之後就在養育機構成長的嬰幼兒，因為缺乏遊戲及與照顧者的互動，其中很多幼兒到了 4 歲還不會說話。到了幼兒期，幼兒也常常從遊戲中學習與練習語言，包括：嘗試說出各種方式或不同規則的語言、隨意改變語言的用法、複誦押韻的兒歌童謠或說笑話取悅自己等，這些活動對幼兒的語言表達能力都有增進作用（Garvey, 1990）。此外，透過與同伴的遊戲互動，幼兒可以學到如何使用語言與他人溝通，例如：輪流、不插嘴（Garvey, 1990; Keenan, 1974）；也有機會發現語言的社會功用，例如：利用語言解決人際的衝突。透過遊戲，幼兒還可以學到新字彙、新概念，以及後設語言的知識，並做有聲思考（Levy, 1984）。

　　Shore（1986）以 18 至 24 個月大的嬰兒為對象，研究遊戲與語言發展的關係。結果發現，積木的使用、以不尋常的方法玩玩物，以及在概念分類的作業上將概念延伸的數目，這三個活動合起來，可以

預估幼兒是否使用多字（multiword）。然而，這三項中的任一項並不能預估多字的使用，因此遊戲與語言發展是否相關，仍然有待進一步的驗證。

Pellegrini（1991）發現，學齡前幼兒語言的產出（language production）受到遊戲類型及遊戲情境的影響，而這兩個因素經常交互影響遊戲與語言的關係。

在各類遊戲中，以象徵遊戲（又稱假裝遊戲）提供幼兒最多的語言練習機會。很多的遊戲觀察都顯示，幼兒在戲劇角的遊戲比在建構角和積木角的遊戲，有較多的語言互動，其使用的語句也較為複雜。國外的研究顯示，幼兒在戲劇角較常使用第三人稱代名詞代表當時不在場的人，使用過去式語句代表過去發生的事情（例如：「護理師給她打針，她哭了耶！」），或使用未來式語句代表將要去做的事情〔例如：「我要讓它（黑色恐龍）當壞人來打你們！」〕。當幼兒以假裝的語氣扮演某個角色，或跳出假裝的情境談論遊戲時，他們都在練習語言的聲音與結構。針對教師在幼兒社會劇遊戲中的提問研究發現：不論在假裝遊戲或非假裝遊戲，幼兒對教師提問的開放式問題有較多的言語回應，這類問題也提供幼兒使用較長的語句表達自己思考的機會（Meacham et al., 2014）。

因為在象徵遊戲中，幼兒使用語言的機會最多，所以探討遊戲與語言能力關係的研究，主要是以這類遊戲為主，然而研究的結果並不一致。Pellegrini 與 Galda（1982）研究遊戲與故事理解及記憶的關係，所有的受試者被分為三組，其中一組在聽完故事後進行主題幻想遊戲，另一組進行討論，還有一組進行繪畫。結果顯示，進行主題幻

想遊戲的國小一年級和幼兒園兒童在故事回憶上的表現顯著優於其他兩組的兒童，但是這樣的效果並未出現在國小二年級的兒童。至於在故事內容的推論上，遊戲與討論的效果相同，而遊戲的效果顯著優於繪畫。在故事複述上的表現，遊戲的效果顯著優於其他兩種。Pellegrini 與 Galda 因此認為，遊戲可以增進故事敘述的能力。然而，Johnsen（1991）卻認為，主題幻想遊戲是具有高度結構的角色扮演遊戲，成人指定和指導兒童所扮演的角色、演員對自己要扮演何種角色，以及如何扮演很少有選擇的自由。因為遊戲中各個角色對故事情節有充分的溝通，並經常使用敘述式的語言（narrative language）去複述故事及修正對故事的詮釋，所以增進對主題回憶能力的因素，似乎不是假裝遊戲，而是在複製故事主題的過程中不斷使用的複誦技巧。相較之下，繪畫並不需要去複誦故事，而討論雖然是針對故事內容，但是也不必去熟記故事中每一個角色的所說所做。

　　Pellegrini 與 Galda（1991）對學前幼兒的象徵遊戲與後設語言動詞（metalinguistic verbs）的使用及萌發的語文（emergent literacy）能力之關係，進行短期的縱貫研究。結果發現：象徵遊戲與後設語言動詞的使用有顯著的正相關，但是這個關係只存在於年齡較小的幼兒（平均年齡是 43.56 個月），而未存在於年齡較大的幼兒（平均年齡是 55.00 個月）。換句話說，年紀較小的幼兒只有在進行象徵遊戲時，才會在對照的用法（如小華說：「但是醫生『沒有說』要打針。」）或語言的過程（如小明說：「娃娃『說了』什麼？」）中使用後設語言動詞。Pellegrini 與 Galda 由此推論，他們的研究結果支持 Vygotsky 的理論：要從事象徵遊戲，幼兒必須具備表徵能力，而透過

象徵遊戲，幼兒更能了解其他的表徵媒介，例如：語言。

　　Williamson 與 Silvern（1991）曾經針對主題幻想遊戲與故事理解能力的關係，進行一系列研究。第一個研究是以 5 至 9 歲兒童為對象，結果顯示：接受主題幻想遊戲訓練的兒童在故事回憶測驗的表現優於控制組兒童，但是這個結果只存在於年紀較小的幼兒；第二個研究以 5 歲至國小三年級兒童為對象，結果顯示：主題幻想遊戲對年紀較大但故事理解能力較差的兒童也有幫助；在第三個研究中，Williamson 與 Silvern 進一步探討主題幻想遊戲之所以能增進故事理解能力的原因，結果發現：是遊戲中對他人角色行為的指正（如小明指正小華的行為說：「不對，你要等一下。」），而非遊戲本身能增進故事理解能力。Williamson 與 Silvern 因此認為，他們的研究結果支持 Piaget 的觀點，遊戲中認知上的同化作用遠大於調適作用，因此遊戲不能增進故事理解能力，只有在兒童指正他人的角色行為時，才是進行認知上的調適作用（因為此時他必須思考故事的情節、角色，以及如何演出並且加以整合），由此才能增進故事理解能力。

　　探討社會劇遊戲與語文能力關係的研究，多半顯示兩者之間呈現正面相關。其中有些研究發現，經常進行社會劇遊戲的幼兒，說故事能力較佳，讀寫能力也較佳（Pellegrini, 1980; Wolfgang, 1974）。另有研究發現，幼兒在有結構的社會劇遊戲中，比較能和他人做有效的溝通（Pellegrini, 1986）。實驗研究更顯示，在接受社會劇遊戲訓練之後，幼兒的語言能力顯著增進（Smith & Syddall, 1978; Taharally, 1991）。

　　Lillard 等人（2013）整理了 12 篇探究象徵遊戲與語言能力之關

係的研究（包括：8 篇相關研究、1 篇實驗研究、3 篇有施予幼兒遊戲訓練的研究）後發現，象徵遊戲和早期語言發展有相關，而兩者之所以相關，研究者認為這是因為語言和象徵遊戲都是以象徵功能為基礎。此外，他們又整理了 14 篇探究遊戲與敘事（narrative）能力關係之研究（包括：3 篇相關研究、4 篇實驗研究、7 篇有施予幼兒訓練的研究）後發現，象徵遊戲，尤其是社會劇遊戲，能促進敘事能力之發展。

　　Rand 與 Morrow（2021）整理分析過去的研究，以了解遊戲在學齡前幼兒語文發展的貢獻。他們所引述的都是實驗研究，都在比較經歷自由遊戲、引導式遊戲或直接教學之後，幼兒的語文能力是否有所提升。這些研究的進行大都是從師生共讀圖書書開始。隨後，自由遊戲組的幼兒可以自由地選擇玩具和玩法；引導式遊戲組的幼兒則在與文本相關的情境布置與玩具提供中進行扮演，但是扮演由幼兒主導，成人觀察並適時引導；直接教學組的幼兒則由教師主導閱讀文本，並進行與文本相關的活動。總結這些研究的結果發現：引導式遊戲組和直接教學組的幼兒，在語彙和敘事測驗的表現都顯著優於自由遊戲組的幼兒。

第四節 情緒、社會能力與社會認知發展

　　有不少學者曾經提到遊戲和情緒、社會能力與社會認知發展的關係。Mead 強調遊戲中的社會互動對幼兒自我意識發展的重要性；心理分析學派強調遊戲對情緒發展的重要性，甚至利用遊戲治療幼兒的情緒問題。還有很多學者認為，象徵遊戲能增進社會與社會認知能力（Rogers & Sawyers, 1988）。以接受美國州政府補助的幼兒園之 264 個 5 歲以下幼兒所做的研究發現，在學前學校（preschools，美國的學前學校招收的是 5 歲以下的幼兒）的同儕遊戲比例能預測幼兒園（kindergartens，美國的幼兒園招收的是 5 足歲的幼兒）時之同儕互動、學校參與、學校喜愛程度及學校適應；亦即，5 歲前常和同儕遊玩的幼兒，5 歲時也比較常和同儕互動，且比較喜歡上學，較多參與班上的活動，在學校的適應也比較好（Eggum-Wilkens et al., 2014）。以下分別介紹遊戲和情緒及社會發展的關係。

一、情緒

　　有關遊戲與情緒發展關係的研究不多，其中有的研究顯示：經常進行想像遊戲的幼兒比進行其他遊戲的幼兒較有耐心等待，亦即控制衝動的能力較佳（Rogers & Sawyers, 1988）。以 3 歲和 4 歲幼兒為對象的研究顯示：經常進行假裝遊戲的幼兒比較常笑、堅持度較高、較少生氣或悲傷（Singer, 1994）。Trawick-Smith（1994）由此推論：象

徵遊戲能提供幼兒適度表達情緒的機會，因而可以控制負面情緒對自己的影響。

二、社會能力

社會能力是個體有效處理人際問題的能力。遊戲與社會能力的關係，可能因遊戲的類型而異。以 4 歲幼兒為對象的研究發現：經常進行單獨功能性或單獨戲劇遊戲者，較不受同伴歡迎，其處理人際問題的能力也較差（Rubin, 1982）。以 4 歲、5 歲和 6 歲幼兒為對象的研究也顯示：經常進行單獨功能性遊戲、單獨戲劇遊戲和平行戲劇遊戲者，在團體中的社會地位（sociometric status）較低（Rubin & Daniels-Bierness, 1983; Rubin et al., 1982）。另有研究顯示：經常進行社會假裝遊戲的幼兒，其社會能力較佳也較受人歡迎（Connolly, 1980）。還有研究顯示：經常進行假裝遊戲的幼兒比較合作，較少有攻擊行為（Singer, 1994）。此外，以 5 歲、國小二年級及四年級的男童所做的研究顯示：經常進行打鬧遊戲（rough and tumble play）的男童比較合作，也比較受人歡迎（Pellegrini, 1995）。

Connolly 與 Doyle（1984）以 3 至 5 歲幼兒為對象，研究社會能力與幻想遊戲的頻率及複雜度之關係。社會能力的評量，包括：社會地位圖、量表、行為觀察和角色取替能力測驗。研究結果顯示：幻想遊戲的頻率（而非複雜度）與多項社會能力分數有關。這是一個相關研究，因此不具有因果關係，但是遊戲中的假裝成分顯然與社會能力無關。

　　Doyle 與 Connolly（1989）以 4 歲和 5 歲幼兒為對象，研究遊戲演出（play enactment）、遊戲協商（play negotiation）與社會能力之關係。遊戲演出是指，從聲音、手勢、動作和語言的改變等線索，推測社會假裝遊戲正在進行中；遊戲協商是指，對遊戲過程（例如：計畫、角色等）進行討論。研究結果顯示：遊戲演出可以單獨預測被同儕接受的程度，而遊戲協商則不能。換句話說，常進行社會假裝遊戲的幼兒比較受同伴歡迎。至於在遊戲前是否進行計畫或角色討論則不會影響幼兒被同儕接受的程度。此研究結果與以往的研究不同，以往的研究強調後設溝通（metacommunication）在遊戲中所扮演的角色。

　　Pellegrini（1988）研究打鬧遊戲與社會地位、社會問題解決能力的關係，結果發現：打鬧遊戲似乎不會導致較受同儕歡迎的幼兒之攻擊行為，但是卻會導致較受同儕排斥的幼兒之攻擊行為。此外，打鬧遊戲與幼兒在社會問題解決測驗的表現上有顯著的正相關。Pellegrini 因此推論，打鬧遊戲可能與角色顛倒（role reversal）（例如：追逐者變成被追逐者）有關，至少對受歡迎的幼兒而言，從打鬧遊戲中可以獲得社會變通能力。但 Johnsen（1991）認為，從 Pellegrini 的研究結果並不能做此推論，做這樣的推論未免太過牽強。

　　相關研究雖然顯示了遊戲與社會能力的關係，但是還不知道究竟是因為經常進行假裝遊戲而導致較佳的社會能力，還是社會能力較佳的幼兒比較可能和他人一起進行假裝遊戲。從實驗研究的結果或許可以推論，某種類型的遊戲的確能增進某些社會能力；Kooij 與 Meyjes（1986）發現，在接受社會劇遊戲訓練後，幼兒與他人合作解決人際問題的能力較前增加。另外，Lillard 等人（2013）整理了 14 篇探究

象徵遊戲與社會能力之關係的研究（包括：14篇相關研究、1篇實驗研究、1篇有施予幼兒遊戲訓練的研究）後也發現，接受社會劇遊戲訓練之後，幼兒的社會能力顯著進步。另一個以極度壓抑的學齡前兒童為對象之研究顯示：在接受社交技能促進遊戲的介入之後，實驗組幼兒的社交抑制行為比控制組顯著減少，而同儕參與和社交能力則比控制組顯著提升（Coplan et al., 2010）。

三、觀點取替與心智理論能力

觀點取替能力是社會認知能力的一種。從Piaget的觀點而言，兒童是在脫離自我中心之後才具備觀點取替能力（或稱為角色取替能力）。Piaget認為，同儕之間的社會互動，讓兒童有機會接觸他人的觀點，從而發展出觀點取替能力。觀點取替能力分為知覺性的（perceptual）、概念性的（conceptual），以及情意性的（affective）三方面。知覺性的觀點取替能力是去測試別人從不同的角度看到什麼；概念性的觀點取替能力是去判斷對同一件事別人可能有的想法；情意性的觀點取替能力則是去推論別人對同一件事的感覺（潘慧玲，1994；Chen, 1992）。有關遊戲與觀點取替能力關係的研究，結果並不一致。陳淑敏（Chen, 1992）以4歲幼兒為對象所做的研究顯示：遊戲與觀點取替能力並不相關；有些研究則顯示：遊戲與觀點取替能力的關係因遊戲類型而有不同。以4歲幼兒為對象的研究顯示：經常進行功能性遊戲者，知覺性的觀點取替能力較差；而經常進行戲劇遊戲（dramatic play）者，知覺性的觀點取替能力較佳（Rubin & Maioni,

1975）。另有研究顯示：經常進行平行遊戲的幼兒，其情意性的觀點取替能力（或稱同理心）較差；而經常進行聯合遊戲的幼兒，其情意性的觀點取替能力較佳（Rubin, 1976）。還有研究顯示：經常進行單獨戲劇遊戲的幼兒，其概念性的觀點取替能力較差（Rubin, 1982），而經常進行團體戲劇遊戲的幼兒，其概念性的觀點取替能力較佳（Rubin & Howe, 1991）。還有些研究顯示：社會幻想遊戲與情意性的觀點取替能力有關（Connolly, 1980; Connolly & Doyle, 1984）。

　　雖然已有一些相關研究顯示，某些類型的遊戲與觀點取替能力有關，但是我們並不能由此推論某些遊戲能增進觀點取替能力，而某些則不能。因此，有些研究者對兒童施以某種遊戲訓練，以了解遊戲訓練是否能增進觀點取替能力。其中有的研究顯示：幼兒在接受社會劇遊戲訓練之後，情意性與知覺性的觀點取替能力都有顯著進步（Rosen, 1974）。另有研究顯示：在接受建構遊戲與戲劇遊戲訓練後，幼兒之知覺性的、概念性的及情意性的觀點取替能力都有顯著增加（Burns & Brainerd, 1979）。還有些研究顯示：在接受主題幻想遊戲（thematic-fantasy play）訓練後，文化不利兒童比先前具有同理心（Saltz & Johnson, 1974; Saltz et al., 1977）。

　　近來，觀點取替的概念逐漸被心智理論（theory of mind）所取代。心智理論是指，個體用來解釋與預測他人行為的概念系統。Lillard 等人（2013）整理了 33 篇探究象徵遊戲與心智理論能力之關係的研究（包括：18 篇相關研究、1 篇實驗研究、14 篇有施予幼兒遊戲訓練的研究）後發現，這些研究的結果並不一致，但最嚴謹的那篇研究發現，較成熟的心智理論技巧有助於幼兒進行社會劇遊戲；但提

供象徵遊戲的訓練，並不能增進幼兒的心智理論或觀點取替技巧。

　　綜合上述研究可見，遊戲與發展是否相關，可能因遊戲類型、發展面向，以及所使用的測驗（task）而有不同。當使用某些測驗時，遊戲與發展的關係並未顯現出來，但是使用另一些測驗時，遊戲與發展的關係即呈現出來。在呈現遊戲與發展相關的研究中，某些遊戲與某些方面的發展呈現正相關，而某些遊戲與某些方面的發展呈現負相關，還有的研究更顯示某些遊戲能夠增進某些方面的發展。

　　不過，實驗研究幾乎都顯示，遊戲能增進幼兒發展。但為何實驗研究有此效果？究其原因，可能是在實驗研究中，遊戲都經過精心設計，玩物的呈現也有適當安排，再加上成人的口語引導（適當的提問）。綜合本章之始所引的大型研究之發現，經常進行自由遊戲的幼兒在語言／語文和數學的學習預備度，較接受其他教學方式的幼兒之進步較少，由此可推論：成人適當的引導（非主導）是提升幼兒發展與學習的重要因素，至於如何引導，留待第八章再詳細探討。

第三章
遊戲行為之發展

幼兒的遊戲行為相當多樣化。一方面，因著是否有玩物提供、有無人際互動、遊戲空間大小的不同，幼兒可能呈現各種不同的遊戲行為，例如：體能活動遊戲（physical activity play）、玩物遊戲、象徵遊戲（symbolic play）、社會遊戲，以及語言遊戲。另一方面，隨著年齡的增長，幼兒的體能活動遊戲、玩物遊戲、象徵遊戲、社會遊戲，以及語言遊戲行為也出現不同的複雜性。

 第一節　體能活動遊戲之發展

體能活動遊戲的主要特徵，包括：愉快的情境（playful context）、中度到很活潑的體能活動，以及加速的體內新陳代謝作用，奔跑、攀爬、追逐是這類活動的典型例子。體能活動遊戲的發展可以分為三個階段：規則性的反覆（rhythmic stereotypies）、練習遊戲（exercise play），以及打鬧遊戲（rough and tumble play）（Pellegrini & Smith, 1998）。

一、規則性的反覆

　　規則性的反覆行為是沒有目的之大肌肉動作，例如：踢腳、搖動身體。這類動作在肌肉神經成熟之後才開始出現，在嬰兒6個月大時達到尖峰，有些嬰兒一小時裡40%的時間都在重複這些動作；之後，這類動作則逐漸減少。出生的第一年之中有5.2%的時間，嬰兒都在進行這類動作。在親子互動中，有時也會出現這類規則性的反覆行為（Pellegrini & Smith, 1998）。

二、練習遊戲

　　練習遊戲是指，在遊戲情境中大肌肉的運動（gross locomotor movements），其顯著特徵是它充滿活力。練習遊戲在出生之後即將滿一年時才逐漸開始，它可能是單獨遊戲，也可能是和父母親或同儕一起進行的遊戲。從出生的第二年開始，練習遊戲會不斷增加，在第四年和第五年之間達到頂點，之後又逐漸減少。研究發現，幼兒在托兒中心的行為，有7%是練習遊戲；另一個研究則發現，在托兒中心的行為有10%是練習遊戲；還有一個研究發現，練習遊戲分別占2歲與4歲幼兒在家中行為的11%和13%（Pellegrini & Smith, 1998）。

　　McGrew（1972）在觀察幼兒（平均年齡是49.2個月）的行為後發現，幼兒活動中有20%是充滿精力的活動，例如：跑、逃、跳、推、拉、爬、舉、角力，以及追逐。Smith與Connolly（1980）則發

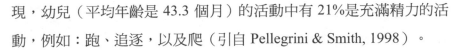

現，幼兒（平均年齡是 43.3 個月）的活動中有 21%是充滿精力的活動，例如：跑、追逐，以及爬（引自 Pellegrini & Smith, 1998）。

　　當兒童進入小學階段，這類的體力活動逐漸減少。以 6 至 10 歲兒童而言，練習遊戲只占下課時間之戶外行為的 13%。

三、打鬧遊戲

　　Harlow 最先使用「打鬧」（rough and tumble）這個名詞去形容恆河猴（rhesus monkey）類似競賽的行為。後來，英國的動物行為學者才把這個名詞用來形容兒童的行為（Pellegrini, 1989）。打鬧遊戲通常是一群幼兒奔跑、跳躍、互相追逐、彼此搥打，伴隨著高聲大叫、大笑或扮鬼臉的行為。打鬧遊戲通常發生在戶外，或幼兒剛剛結束靜態活動的時候。因為打鬧遊戲通常是由一群幼兒共同參與，所以它也是一種社會遊戲。此外，玩伴的身體和動作是遊戲中的主要「玩物」；遊戲中幼兒對同伴身體所作的攻擊動作，都是假裝的而不是真正的打架，所以打鬧遊戲也是一種假裝遊戲（Garvey, 1990; Hughes, 1991; Johnson et al., 1987; Trawick-Smith, 1994）。

　　幼兒最先出現的打鬧遊戲通常是在父親的支持下開始的。大約在 4 歲左右，打鬧遊戲占親子互動行為中的 8%。同儕之間的打鬧遊戲，占學齡前幼兒遊戲行為的 3 至 5%。在 6 至 10 歲之間，打鬧遊戲占兒童下課行為的 7 至 8%（Pellegrini, 1988）。在 7 至 11 歲之間，打鬧遊戲占兒童下課行為的 10%。到了 11 至 13 歲之間，打鬧遊戲只占兒童下課行為的 5%（Pellegrini & Smith, 1998）。

 幼兒遊戲

從這些研究可見打鬧遊戲似乎從學齡前時期逐漸增加，在8至10歲時達到尖峰，爾後才逐漸減少。

 ## 第二節 玩物遊戲之發展

先來看看以下的觀察實例。

觀察實例 3-1

科學角新增了一組沙漏，6歲的弘宣拿著沙漏在進行小沙子搬家。他說：「每次都白色的第一，藍色的第二，粉紅色的第三。」說著就把沙漏倒過來，兩眼一直注視著沙漏。旁邊的立倫看著弘宣說：「我覺得藍色比較少。」弘宣接著說：「我覺得白色沙比較多。」立倫又問：「那為什麼白色的沙流得比較快？」弘宣看著沙漏說：「大概是因為洞比較大，這個洞白色最大。」停了一下又說：「粉紅最小，藍色第二。」他把沙漏又倒過來說：「我們比賽的時候，大家都要選白色，因為它最快。」又停了一下說：「只有一個辦法，等白色流一點點再翻，這樣大概會一起了。」他眼睛注視著沙漏說：「這樣反過來的時間也是漏一樣多，然後會一樣快。」說著他把未漏完的沙漏顛倒過來，注視各個顏色的沙流動之情形，等沙流完時，弘宣說：「好像統統一起喔！」他又看了看沙漏裡的沙說：「白色跟粉紅色比起來一樣，白色跟藍色比就比較低了。」停了一下，又說：「只有剛剛

那個方法讓白色不能得第一。」弘宣把沙漏斜著拿，觀看沙漏的情形，又說：「這個斜的好好玩，它一直漏下去，很多時候又滑下去，好像溜滑梯一樣。」他又指著沙漏的洞口說：「白色的沙子都在上下動，好像魚在呼吸，因為它很像魚的鰓在動，粉紅色也有，藍色沒有，大概是顏色太深了，把動的樣子遮住了。」

　　物品的新奇、複雜與可操弄性常常吸引嬰幼兒去玩弄它，探索行為由此產生。等到嬰幼兒對物品熟悉之後，遊戲行為才會發生。對不滿 1 歲的嬰兒而言，與雙親互動的遊戲，比玩玩具更能吸引他們的興趣。隨著感覺與動作技巧趨於協調，嬰兒會逐漸將注意力集中於自己的肢體與周遭的任何物品。只要垂手可得，任何物品都是嬰兒把玩的對象，而不一定要所謂的「玩具」。玩物遊戲即是對物品加以操弄的行為，包括：敲打、丟擲，或是將物品拆開、組裝及建構（Gredlein & Bjorklund, 2005）。

　　嬰幼兒把玩物品的行為，隨著年齡的增長而有不同。從能夠同時把玩多少個物品，可以推測嬰幼兒玩物行為的發展。不滿 1 歲的嬰兒在把玩物品時，通常一次只能玩一個，在把玩物品一段時間之後，若有新物品出現，嬰兒會捨棄舊物品而轉向新物品。嬰兒對物品熟悉的快慢各有不同，此與其訊息處理能力有關。之後，隨著移動能力及與他人互動能力的增強，學步兒（toddler）看到新奇的物品時，常會快步地走向母親，眼睛看著母親，手卻指著該物品。在 1 歲和 2 歲之間，學步兒使用單一物品的頻率逐漸減少，而同時把玩幾個物品的頻率增加。

另外，從嬰幼兒把玩物品的方法也可推測其玩物行為的發展。嬰兒拿到物品通常會放到嘴巴吸一吸、咬一咬，或將該物品搖一搖或敲一敲。稍長，約 8 個月大，嬰兒繼續使用前述的方法把玩物品，但已會將物品從所裝置的容器中一一取出，這時的嬰兒大都已能爬行，移動的範圍較大，能接觸的物品更多，物品被嬰兒移動位置的情形更多。15 個月大的時候，學步兒喜歡不停地走動，看到物品就一個一個拿起來，然後又把物品一個一個丟下（陳淑敏，2016；Frost, 1992）。隨著學步兒移動範圍的擴大，將家中物品從所裝置的抽屜或櫃子一一取出的情況更多。到了 18 個月大的時候，學步兒的大肌肉動作較成熟，活動力較為旺盛，把玩物品也比先前具有目的。拉著玩具、抱著娃娃或玩具熊、模仿成人閱讀或打掃，是這個年齡的學步兒常見的行為（Cohen, 1987; Johnson et al., 1987）。到了 24 個月大的時候，學步兒更能集中注意力。這個年齡的學步兒喜歡閒晃，拿起玩物敲敲打打；也喜歡用洋娃娃或玩具熊模仿扮家家酒，或者串珠珠，或將珠子反覆地裝入或倒出盒子。此外，玩積木或車子的次數也比以往多（Cohen, 1987）。接近 3 歲，幼兒玩玩具的方法才比較接近正規的玩法（Frost, 1992）。

2 歲的學步兒只能模仿眼前所見所感的事物，而不能模仿記憶中的事物。3 歲幼兒玩玩具的時間較為持久，也開始能和同伴進行短暫的遊戲。4 歲幼兒能以玩具或玩物進行建構性的活動或戲劇遊戲，也能與兩、三位幼兒合作遊戲。到了 5 歲，幼兒喜歡剪剪貼貼，參與幼兒園裡的各項活動（Cohen, 1987）。

在 3 至 5 歲之間，幼兒的玩物遊戲行為主要有功能性遊戲（functional play）與建構遊戲（constructive play）兩種類型（Smilansky, 1968）。功能性遊戲是反覆做出某些動作取樂，或以相同的方法反覆地玩弄物品。隨著年齡的增長，這類遊戲行為逐漸減少；建構遊戲（如圖 3-1 所示）是有組織、有目的的遊戲，年齡漸長，這類遊戲行為也隨著增加，這也是幼兒園中 4 歲幼兒最主要的遊戲形態（Johnson et al., 1987）。

圖 3-1　建構遊戲

 第三節　象徵遊戲之發展

在各類型的遊戲中，被探討最多的非象徵遊戲莫屬。仔細檢視第一章的遊戲理論可以發現，心理分析論、Vygotsky、Mead、Bateson 和 Sutton-Smith 所探討的都是象徵遊戲，而 Piaget 更有一本探討象徵遊戲的專書（Piaget, 1962）。象徵遊戲又稱為想像遊戲（imaginative

play）、假裝遊戲（pretend play, make-believe play），或幻想遊戲
（fantasy play）。這些名詞的意義雖然有些微差異，但是它們常常被
互換使用（Saltz & Johnson, 1974）。象徵遊戲的主要特徵是：幼兒將
事物的某些方面作象徵性的轉換。這種轉換包括：以玩具或玩物代表
實物（例如：以洋娃娃代表嬰兒，以積木代表電話）、以某個動作代
表真實的動作（例如：豎起拇指、平舉食指代表開槍的動作），或以
幼兒自己代表現實或虛構的角色（例如：扮演媽媽、白雪公主）
（Saltz & Saltz, 1986），如圖 3-2 所示。

圖 3-2　象徵遊戲

　　下面的兩個觀察實例，可以看到幼兒在玩具、動作和角色上的想
像轉換。

觀察實例 3-2

　　6歲的佩珊坐在椅子上，肩上披著大毛巾。愛蓮走向佩珊對她說：「我幫你洗頭。」說完就拿了一個空瓶子往佩珊的頭上倒，接著雙手放在佩珊頭上做出洗頭的動作。洗了一會兒，愛蓮說：「洗好了。」就停止了洗頭。佳欣拿著透明的塑膠盒子在佩珊眼前晃了晃，說：「假裝這是照鏡子。」照完鏡子，佩珊坐到梳妝臺前，心怡拿了吹風機幫她吹頭髮。之後，心怡又拿起一個空瓶子往手心倒了倒，用雙手搓一搓，接著在佩珊的頭上抹了抹（抹上髮油）。最後，再幫佩珊梳好頭髮。

　　在上例中，佩珊假裝自己是美髮店的顧客，愛蓮、佳欣和心怡則是美髮店的師傅，都是角色的想像轉換。愛蓮假裝空瓶子裡有洗髮精而做出倒洗髮精的動作、心怡假裝空瓶子裡有髮油而做出倒髮油的動作，以及佳欣拿著塑膠盒在佩珊眼前晃了晃假裝照鏡子，這些都是動作的想像轉換。另外，佳欣將透明的塑膠盒想像成鏡子，則是物品的想像轉換。

觀察實例 3-3

　　5歲的芳菲坐在小床邊的地板上，抱起布娃娃對瓊筠說：「喂！你把她的被子鋪好啦！」瓊筠馬上把小床上的被子拉了拉。芳菲一邊把布娃娃輕輕地放入小床，一邊說：「乖乖！快睡覺喔！」接著拿起另一塊小布巾蓋在布娃娃身上，還用手拍拍布娃娃的胸膛。過一會兒，芳菲又抱起布娃娃走到小廚房，對著英

風說：「假裝他（偉凡）是爸爸，我是妹妹，她（瓊筠）是姐姐。」老師聽到了便開口問：「那誰是媽媽？」芳菲馬上說：「沒有媽媽。」老師又問：「為什麼？」芳菲害羞地笑笑說：「媽媽死了！」又走回小床邊。芳菲抱著布娃娃，身體左右來回搖晃著，口中小聲地哼著歌。一旁的英風用榨汁機不停地做出榨果汁的動作，並對娃娃家的其他小朋友說：「誰要喝果汁？」芳菲把布娃娃放在小床上，並為她蓋好被子，起身走到英風的面前說：「我也要。」伸手就去抓榨汁機的把手。英風愈搖愈快，芳菲握不住，便大聲用鼻音裝出娃娃的哭聲：「哇～哇～我被壓到啦！哇～哇～」偉凡聽到了跑過來握著芳菲的手說：「不要哭！不要哭！」芳菲停止了哭聲。芳菲走回小床旁，抱起布娃娃，坐到地板上，以右手整理布娃娃的頭髮。芳菲對瓊筠說：「姐姐！給我一個梳子，我要給小寶寶梳頭。」芳菲把雙腳打開，將布娃娃放在大腿中間用力夾緊，用雙手去撥弄布娃娃的頭髮。芳菲對英風說：「哥哥，把那個小條的給我。」英風把身邊的小棉繩拿給芳菲。芳菲接過繩子，把它含在口中，以兩手把布娃娃的頭髮攏起梳成一把，以左手握著，用右手去拿口中的繩子，將頭髮紮成馬尾狀。瓊筠走過來看芳菲為布娃娃綁頭髮。芳菲抬頭看了一下瓊筠說：「今天早上我長大了，我也是姐姐。」瓊筠點點頭說：「好啊！」芳菲邊說邊將布娃娃的頭髮綁好，然後將布娃娃的臉轉向自己說：「你好漂亮喔！」芳菲抱著布娃娃站起來，對瓊筠說：「你看，漂不漂亮？」瓊筠點頭說：「漂亮啊！」芳菲的臉上露出得意又滿足的笑容。

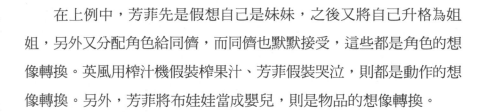

在上例中，芳菲先是假想自己是妹妹，之後又將自己升格為姐姐，另外又分配角色給同儕，而同儕也默默接受，這些都是角色的想像轉換。英風用榨汁機假裝榨果汁、芳菲假裝哭泣，則都是動作的想像轉換。另外，芳菲將布娃娃當成嬰兒，則是物品的想像轉換。

一、象徵遊戲理論

如前所述，象徵遊戲是被心理學者探討最多的遊戲形式。發展心理學者從認知觀點探討象徵遊戲的心理機制，而提出不同的解釋，主要的論點有三種，其中之一是 Robert Gordon 與 John Barker 所提出，他們主張假裝是透過模擬的機制，這和預測他人所做決定或其他心智狀態的模擬機制類似（引自 Nichols & Stich, 2000）。後來的相關研究也發現，經常鼓勵模仿的父母，其學步兒會出現較多的假裝行為（McEwen et al., 2007）。比較著名的論點則是由 Alan Leslie 和其同事所提出，他們主張假裝是一種特別的表徵狀態，故將其命名為「後設表徵」。然而，使用這個語詞卻造成誤解及招來批評，很多學者質疑幼兒是否具有後設表徵概念，能去思考表徵之所以為表徵的意義。因此，Leslie 又將它改為「M －表徵」，他認為假裝是心智理論（theory of mind）的初始表現，亦即，假裝遊戲是心理狀態理解能力的初始表現。後來的研究發現，早期（24 至 31 個月）的假裝能力與 5 歲時的心智能力有顯著相關（Lillard & Kavanaugh, 2014），研究結果顯然支持 Leslie 的觀點。還有一個論點則是由認知心理學者 Josef Perner 所提出，他的觀點與 Leslie 近似，但有一點不同，他特別強調將假裝

的表徵與現實的表徵加以區隔，他指出假裝不是表徵現實世界實際的狀態，而是表徵它可能的狀態。

此外，Nichols 與 Stich（2000）指出，幼兒在假裝遊戲歷程所進行的認知處理與行為表現，包括：(1)起始的假設（initial premise）：例如：要在麥當勞點餐；(2)推理闡述：指運用當時的知覺、先備知識等來填滿所要假扮的細節，例如：扮演收銀員者假想顧客所點的餐點是 9 元，如果顧客付了 10 元，他必須推算出應找多少錢；(3)非推理的闡述：增添不需要推論的細節，例如：服務生提供菜單、顧客點餐；(4)創造適宜的假裝行為：假扮者做出合乎情節的行動；(5)認知上的區隔：假扮可以延續很長的一段時間，但假扮一旦結束，就回到真實世界，假扮的事件與真實世界的狀況不符，而假扮者能區隔假裝與真實。

以上這些論點都在探討象徵遊戲中，兒童如何進行認知處理。不論是主張透過模仿，或是主張透過表徵作用，都強調象徵遊戲需要心智能力的運作。

二、象徵遊戲之發展

隨著年齡的增長，幼兒的象徵遊戲行為也有所不同。幼兒象徵遊戲行為的發展，可以從玩物、動作與角色轉換的變化加以推斷。象徵遊戲中所使用的物品，其外形及功用與實物之相似程度，是判斷象徵動作發展的指標之一。過去幼兒若以玩具汽車代表電話，會比以香蕉代表電話，具有較高層次的象徵性，因為香蕉和舊式電話聽筒的形狀較為近似；不過現在，幼兒若以香蕉代表電話，反而比用玩具汽車來

代表，象徵層次可能來得高，因為玩具汽車的形狀和現在的電話聽筒，尤其是手機的形狀較為近似。象徵遊戲大約在出生後第二年開始，嬰兒剛開始出現假裝動作的時候，都是借助實物或與實物相似的物品（例如：拿起湯匙假裝吃飯）。到了 19 至 24 個月大的時候，這樣的假裝行為會出現更多，例如：幼兒以玩具杯子或盤子假裝喝水或吃飯。到了 26 個月大的時候，幼兒即能使用與實物較不相像或功能較不相同的物品進行想像活動。所以，與實物過於相像的玩具，比較適合物品想像轉換能力尚未完全發展的 26 個月以下幼兒使用（如圖 3-3 所示）。到了 3 歲左右，幼兒甚至能不借助任何物品或玩具就可進行想像活動（Bretherton, 1984; Cohen, 1987; Fein, 1981; Rogers & Sawyers, 1988）。

圖 3-3　玩具廚具

　　象徵動作的複雜性是判斷象徵遊戲發展的另一個指標。嬰兒最初出現單一基模（single scheme）的象徵動作，是在將近 12 個月大的時候（例如：假裝喝水）。到了 19 個月大的時候，學步兒能結合單一

基模，並應用至不同物品（例如：假裝攪動杯中的水，然後攪動壺中的水）。在 19 至 24 個月之間，學步兒開始能夠結合多種基模（multischemes），例如：拿起水壺，將壺中的水倒入杯中，再拿起杯子喝水（Bretherton, 1984; Fein, 1981; Rogers & Sawyers, 1988）。

　　角色替換的複雜性是象徵遊戲發展的另一個指標。假裝活動最先出現的是自己指向（self-directed）的動作，這時自己是假裝動作的接受者，例如：假裝喝水。幼兒如此做純粹是好玩，並非是要滿足生理的需求。在自己指向的象徵活動中，幼兒並沒有進行角色轉換。在 15 至 21 個月之間，假裝活動開始由自己指向轉變為他人指向（other-directed）。從 Piaget 的觀點而言，這才是真正的象徵活動之開始。在這樣的假裝行為中，幼兒是主動者，他人（洋娃娃）則是被動的接受幼兒之動作，例如：餵洋娃娃吃飯。當假裝遊戲更進一步發展，幼兒能跳出情境、操縱他人，使他人彷彿成為主動的行動者，例如：操縱玩具牛讓牛吃草。之後，幼兒能進一步扮演他人的角色，在這樣的遊戲中，幼兒認同於所扮演的角色，而不只是模仿該角色的行為，例如：幫別人打針，因為他想像自己是醫生，而不只是模仿醫生做這個動作而已。

　　幼兒角色轉換能力的發展，是從單一角色（single role）的扮演開始（例如：扮演父親），爾後才能同時轉換數個彼此互動的角色（例如：同時扮演丈夫及父親的角色）（Bretherton, 1984; Fein, 1981; Fenson, 1984; Rogers & Sawyers, 1988）。以下的觀察實例可以看到 3 歲幼兒的角色轉換能力。

觀察實例 3-4

　　3 歲班教室，二男一女在扮演區的一角各自遊玩。女孩將塑膠製的蔬菜和水果模型放入鍋中炒，再倒入盤子，反覆不停地炒菜和盛菜。男孩之一，耳朵帶著聽診器，在幫布偶看病。三人一直沒有互動。過了幾分鐘，女孩說：「老公，來吃飯。」帶著聽診器的男孩回答：「我不是老公，我是醫生。」

　　上例的三名幼兒在扮演前並未協商所要扮演的角色，遊戲之中也少有互動。其中，扮演醫生的男孩認為自己是醫生，就不可能是女孩的老公，他顯然只能扮演單一角色，而不能轉換且同時扮演兩個彼此互動的角色。

三、社會劇遊戲之發展

　　隨著認知與社會能力的發展，幼兒的象徵遊戲行為也出現不同的形態。Piaget 認為，象徵遊戲最早出現的是單獨之象徵性活動，到了將近 3 歲才出現社會性的象徵遊戲。此後，社會性的象徵遊戲行為逐漸增加，占 5 歲以下幼兒遊戲行為的 10 至 17%；在入學之前（6 歲左右）達到高峰，占 5 歲幼兒遊戲行為的 33%，之後逐漸減少（Pellegrine & Bjorklund, 2004）。

　　社會性象徵遊戲又稱為社會劇遊戲，這個名詞是由 Smilansky（1968）所首創，它是指由一群幼兒依照某個戲劇主題（dramatic the-

me），進行角色扮演。社會劇遊戲通常包括：過去經驗的重新扮演、角色扮演、社會互動、表徵思想、象徵性替代等成分。在社會劇遊戲中，如果扮演的角色是虛構的人物（例如：小飛俠、羅賓漢或童話中的人物），而演出的主題是幻想的情境，則又可稱為幻想遊戲（fantasy play）。在社會劇遊戲訓練中，通常都是進行主題幻想遊戲訓練（thematic fantasy play），讓幼兒進行超越生活經驗的想像，想像童話故事中的人物及其行為（Saltz & Saltz, 1986）。

從幼兒在遊戲中所扮演的角色之變化，可以看到社會劇遊戲行為的發展。當幼兒開始出現社會劇遊戲行為時，最初都是扮演自己在日常生活中曾經親身經驗的親屬關係（例如：父親與兒子）之互動情形，如果所扮演的角色偏離日常生活中對該角色的期待（例如：扮演父親者走到梳妝臺前幫女兒擦起口紅）時，遊戲常常會驟然中止。年齡稍長，幼兒開始扮演生活周遭可見但非自己親身經驗的角色（例如：丈夫與妻子）。年齡更長，幼兒開始扮演虛構人物的角色（例如：國王與公主）（Fein, 1981; Saltz & Saltz, 1986）。

社會劇遊戲中的人際結構也會隨著年齡而改變。年紀較小的幼兒雖然能夠自行分配不同但卻互補的角色（例如：司機與乘客），但是角色的演出卻是各自獨立的（例如：司機停車，乘客即下車，司機與乘客之間沒有任何互動，各演各的角色）。年紀較大幼兒的社會劇遊戲中，出現整合性角色結構的情形較多。在這樣的角色結構中，透過扮演者之間合宜的互動，每一個角色所進行的活動都能與其他角色產生關聯，例如：司機停車，告訴乘客抵達的車站站名，而乘客依照指示下車（Fein, 1981; Saltz & Saltz, 1986）。

　　此外，扮演時間的長短也因年齡而有不同。年紀較小的幼兒，扮演的時間較為短暫；年齡較長的幼兒，扮演的時間則能持續較久。以下是 3 歲（小班）和 5 歲（大班）幼兒進行「看病」主題的社會劇遊戲，讀者可以從多個角度去比較此兩年齡幼兒遊戲行為的差異，本書只從社會劇遊戲的發展指標加以分析。

　　以下的觀察實例 3-5、3-6、4-3、8-19 均有用到一些符號，其意義如下：

符號	代表意義	符號	代表意義
.	極短的停頓	..	短停頓
…	長停頓	[…]	不清楚的話語，影片中無法辨識
/	話語被其他人截斷	（）	語氣或聲調
[ ]	[ ]中敘述或解釋幼兒的行動、身體語言、使用的物品，或話語及情境的特別意義	～	語尾或語調拉長

註：觀察實例中的幼兒話語，係忠實呈現其原始語句，未做任何修改，以呈現幼兒語言發展的水準。

觀察實例 3-5

　　情境：在鋪著木板的午睡室，角落有一張單人床墊，靠牆放著幾個半透明的收納箱。地板上有一個鐵製的餅乾盒，內裝幾個小塑膠袋和紙片。除此之外，幾乎沒有玩具。一群 3 歲幼兒正在進行扮演遊戲，其中幾個男生戴著醫生頭套，幾個女生戴著護士頭套，其他則無任何裝扮。遊戲歷程如下。

幼兒遊戲

　　琪琪右手戴著手偶狗，左手指著張開的狗嘴巴，對著戴護士頭套的莉莉說：「你看！你看這邊！我的小狗，牠的牙齒蛀掉兩顆了啦！」莉莉指著地板上的坐墊說：「好！你坐在那邊！」琪琪坐下。莉莉問：「你看……你要看幾次？」琪琪回答：「看兩次而已。」莉莉問：「看兩次就不要住院，看五次要ㄋㄟ！」琪琪回答：「我看五次。」

　　……（省略一小段）

　　莉莉問：「你的牙齒怎麼了？」琪琪回答：「蛀掉了！你看！」說著，扒開狗的嘴巴。莉莉說：「真的喔！你當小狗狗的媽媽，小狗狗的媽媽，啊.然後.啊然後，牠是小 baby。」琪琪說：「我的小 baby，牠的牙齒蛀掉了，牠都沒有刷牙。」莉莉說：「因為牠不會刷牙，你幫牠刷牙就好了。」琪琪說：「我要拿哆啦 A 夢牙膏，我們牙刷沒有了。」

　　……（省略一小段）

　　琪琪對著手偶狗說：「狗狗要先刷牙喔！」接著，邊說：「刷、刷、刷，擠牙膏，刷、刷、刷」，邊對狗做出刷牙的動作。之後，琪琪走上床墊，邊說：「好了！可以上去了！狗狗要睡覺。」邊將狗放在床墊上。莉莉說：「啊！你要躺在牠旁邊啊。」琪琪說：「好！」接著躺下。

　　……（省略一段）

　　莉莉說：「小狗狗媽媽，你過來啦！」莉莉在床頭坐下，琪琪則將小狗放在床墊上，說：「可不可以讓狗狗睡覺？」莉莉回答：「好啊！」琪琪靠著床頭坐好，說：「我要看電視了，我們

看新聞好不好？」莉莉邊比出按遙控器的動作，邊說：「好啊！」

……（省略一段）

琪琪說：「護士，我的小寶貝已經睡著了。」莉莉回答：「好了啦！」莉莉走向他處，移動地板上的紙板並壓平。琪琪尾隨，並問：「牠要做什麼？」莉莉回答：「牠要睡覺了！牠要在這邊睡覺。」說著，將紙板移到琪琪面前。琪琪將狗放在紙板上。

……（省略一段）

莉莉拿起地上的餅乾盒。琪琪問：「要做什麼？」莉莉說：「我們要帶牠出去玩啊。」琪琪將手偶狗放入餅乾盒，然後說：「好！」莉莉說：「我們來推牠。」兩人各執盒的一端，左右來回輕搖著。琪琪說：「狗狗要睡覺了。」搖了一會，兩人將餅乾盒放下。琪琪抱起手偶狗，莉莉隨即將餅乾盒翻面以底部朝上放置（當成看診檯），說：「看牠，有沒有很嚴重。」琪琪說：「牠全部地方都很痛，牠牙齒也蛀掉，因為牠都不要跟我刷牙..牠都要自己刷，牠都刷不乾淨。」莉莉說：「啊，你來教牠。」琪琪隨即將手偶狗放在看診檯上。

小毅跑來，伸出右手（戴著貼有用廣告紙裝飾的防燙長手套）說：「鯊魚死掉。」莉莉問：「鯊魚怎麼啦？」小毅回答：「牠昨天被壞人喔.把牠的這個.這個.身體拔起來，就死掉了。」莉莉指著寢室另一頭，說：「那等一下過來，你先坐在那個紅色和藍色的椅子好嗎？那邊！」小毅離開，但迅速跑回，將鯊魚

（手套）放在餅乾盒上，說：「兩個一起來吧！」莉莉急切地說：「等一下！還不能，你.你的還不能在這邊。」將鯊魚推開。

琪琪說：「等一下換我當護士，啊你當狗狗好不好？」莉莉說：「不.不行！」莉莉拿起地上的頭套，說：「啊那[…]當護士，啊那個帽子給你帶。」琪琪回答：「不要。」

小毅又跑來，說：「護士！我等你啊。」莉莉問琪琪：「啊牠要看幾次？」琪琪回答：「十次。」小毅離開又折回，伸出戴著長手套的手。兩名戴著醫生頭套的男孩跑來，其中一名指著小毅的手，對莉莉說：「護士！牠死掉了。」小毅說：「我[…]把我自己ㄅㄞ就死掉了，快點。」莉莉隨即移開餅乾盒上的狗，小毅將戴著長手套的手放上。莉莉按住手套說：「給牠一個星期。」小毅說：「這裡，這裡流血了呢！這裡流很多血。」莉莉說：「好啊！我幫牠消毒。」莉莉對琪琪說：「小狗狗可以抱走了。」

⋯⋯（省略一段）

莉莉正將紙片放入保麗龍盒（此盒是筆者用來裝錄音裝置，不知何時被莉莉拿去），琪琪走來，莉莉說：「我在準備東西。」附近的小男孩踢翻了保麗龍盒，莉莉立即撿回，並說：「那是我先的。」琪琪說：「妳都不給我，我不要當狗狗媽媽了。」莉莉說：「因為那是我先拿到的啊！」琪琪將狗狗丟到一旁說：「我不要當了啦。」莉莉邊將小包紙片放入保麗龍盒，邊問：「妳要什麼顏色的？」琪琪說：「我不要當狗狗媽媽了。」莉莉再問：「妳要什麼顏色的？」琪琪回答：「我要黃色的。」

莉莉繼續整理保麗龍盒裡的小包紙片，說：「這是要幫狗狗看病的，等一下再給妳。」琪琪說：「不然我就不要當了喔。」莉莉說：「等一下妳到醫院再給妳。」說完，站起，將右手湊近耳朵，做出講電話的動作，口中也說著話。琪琪說：「我不要當狗狗媽媽了啦。哼！變成小花了啦。」隨即離開，獨自坐在地板上。

　　過了一會兒，莉莉走向琪琪，從保麗龍盒拿出一小包給她，說：「妳現在當小狗狗的主人。」琪琪接下，說：「好！我當媽媽。」琪琪爬到狗旁邊，說：「小狗狗躺在這邊，牠的兩隻耳朵都很痛。」過了一會兒，莉莉將餅乾盒推到琪琪面前，琪琪再將手偶狗放入。莉莉說：「妳先等一下，我幫妳的小狗狗包什麼藥？」琪琪回答：「要包.那個苦苦的藥，牠喜歡吃苦苦的藥。」莉莉說：「[…]將[…]裝在一起。」邊說邊將紙片放入小塑膠袋。琪琪回答：「好！」

註：引自陳淑敏（2002）。

　　情境：娃娃家有豐富的玩具，入口放著兩張併排的桌子，上鋪綠色桌巾。桌後放著兩張椅子，並用箱子和椅子圍成一小區域。再往內，有一個玩具流理臺緊靠著小桌。另一邊靠窗處，放著兩張小床（病床）。一群 5 歲幼兒在娃娃家玩著醫院看病的遊戲，場面十分熱鬧。其中一女孩（小葳）戴著男人的領帶（扮演

醫生），三名女孩（小鶯、小妙、小靜）穿著白色長袍（扮演護士），另一女孩（小柔）頭戴護士帽（扮演護士），還有一女孩（小真）頭戴三角巾（扮演護士），一男孩帶著警察帽子（小剛），其餘無特殊裝扮。遊戲歷程如下。

　　小真對著坐在娃娃家入口小桌後的小葳說：「醫生，妳沒有穿自己的衣服喔？」小葳乾笑幾聲。小萱走到桌前，問：「醫生，歸銀（臺語：多少錢）？歸銀啦？」小葳問：「要做什麼？歸銀是什麼？」小真說：「她說感冒。」小萱重複問：「歸銀啦？」小葳說：「感～冒～」小萱加強語氣：「歸～銀～」小葳邊寫紙條邊說：「好！感冒！我已經寫紙條給你啦！妳就照這樣吃就好啦！」說完，將紙條遞給小萱，又用紙片包了幾顆小珠子遞交給小萱。

　　……（省略一段）

　　小葳和小柔坐在小桌後，面朝外。小妙將一疊塑膠盤子放在小葳後面的箱子上。小葳轉身移動椅子。小妙問：「要做什麼？」小葳神氣地說：「我出去一下。我是醫生耶！」小葳指著椅子說：「那個是門ㄟ！」

　　……（省略一段）

　　（小葳命令小美來看醫生，小美不從，兀自在一旁裝扮，小葳暫時離開醫院，去幫小美擦口紅。）

　　小葳走到病床前，檢視床上的公事包，並說：「我的東西，怎麼都……」小鶯走來，說：「一支打針給小妙拿去了。」小葳

066

走向小妙，邊搶走她手上的塑膠針筒，邊說：「打針，給我，妳不能隨便亂借。」小妙直視小葳一會兒，說：「為什麼小鶯可以？」小葳說：「不是！小鶯..她是護士。」小妙堅定而大聲回答：「我才是護士啦！」小鶯說：「她也是護士呢！」小妙說：「兩個護士。」小葳回答：「好」，邊將針筒還給小妙，邊說：「借妳，等下還我。」

……（省略一段）

小柔抱著洋娃娃坐在娃娃家入口的桌前，對小妙說：「林護士！」小妙看著小柔，但手上繼續忙著。站在小妙身邊的小鶯靠過來，問：「什麼事？」小妙說：「我才是護士。」小鶯靠近小妙說：「[……]」小柔說：「林護士！要把她治療，要送到醫院治療。」小妙說：「送到我這裡來。」小鶯說：「好！」抱起洋娃娃，放在小妙前面的檯子。

……（省略一段）

小柔拿起桌上的玩具電話筒，對著說：「22 號，22 號，江小萱小姐，江小萱小姐，請您到櫃檯來。」小鶯一手抓住正走近櫃檯的小萱，說：「她來了！」小妙拿起掛在櫃子上的無線電話筒，說：「請您到一樓！請您到一樓！」小鶯說：「好！到一樓！」接著，拉著小萱到小妙身旁。

……（省略一段）

小葳走到病床前戴上聽診器，說：「江小萱小姐，我幫妳看病。」坐在床沿的小萱立刻躺下。小葳將聽筒的一端放在小萱胸部，說：「心臟跳很快，所以要住院。妳要先住 1 天…3 天，然

後我看妳有沒有好一點，我先開藥。」小葳走回娃娃家入口的小桌，從桌旁的櫃子拿了茶壺，從中取出小的塑膠積木，放入小茶杯，又從桌上盤子拿了幾個小圓珠放入小茶杯。

老師走近，遞給小葳一小盒軟糖。小葳輕聲說：「謝謝！」接下軟糖。老師說：「看你要怎麼用ㄏㄡ。」小剛湊近，指著軟糖問：「這吃的喔？」小葳輕聲說：「可以啊。」小剛隨手拿了一顆。小真大聲說：「這吃藥乁！那藥乁！那不行吃！」小葳反駁：「不是。可以，那是人家來看病，很乖的給他的。」說著，拿起一顆軟糖，放進嘴裡。面前的小靜說：「我也要吃！這是我的！」伸手拿了一顆。小葳遞給身旁的小柔一顆。幾個孩子湊近，向小葳要軟糖，都被拒絕。小柔伸手要拿糖果盒，並說：「來！給大家吃。」小葳推開小柔的手，說：「不能給大家吃。這是醫生的。」小柔說：「我.我.假裝我[.]的藥，好不好？」

小葳將裝著珠子和積木的小茶杯遞給小柔說：「拿去給江小萱小姐。」小柔接下杯子，但仍坐在椅子上。小真剛好走來，小柔遞給小真，但小真未接下。小柔大聲唸著：「江小萱小姐。」小鶯恰巧經過，接下小茶杯，走向病床。

……（省略一段）

小葳拿著糖果盒走向病床，問小萱：「妳有.妳有吃藥嗎？」小萱未回應。小葳說：「沒有.沒有.就不行，有吃藥才可以給妳吃糖。」轉頭，對小靜說：「去給她吃藥。」回到小桌後，看見小鶯正拿著紙筆在桌上寫字，大聲說：「啊.啊妳又在拿我的紙了。」小鶯將紙筆還給小葳，說：「這個小孩，花琪啊…X光在

哪一個？」小葳接下紙筆，在桌上寫了一會兒。一直站在桌旁流理檯前忙著的小妙，拿起掛在流理臺上的無線電話筒，大聲說：「X光到二樓！X光到二樓！」小鶯接過小葳開的診療單，走向病床。小妙急忙用鐵製水壺敲著流理臺，大聲說：「二樓在這裡！二樓在這裡！」小柔走回，對小葳說：「現在在照X光。」

　　小柔從病床回到小桌後，對小葳說：「現在在208。」小葳走向病床，問小萱：「妳吃完了嗎？」拿出幾顆軟糖並說：「自己選一顆。」小萱坐起，拿一顆吃。四名幼兒跟著過來，小柔說：「給我吃一顆。」小葳邊走回小桌後，邊說：「不能！妳已經拿過了。妳已經拿過了，就不行再拿。」那四名幼兒跟隨在後，小柔說：「妳要給我吃喔。」小葳說：「不能！厂ㄡˋ！妳已經吃過了。」小柔伸手去拿，並說：「給我吃一個啦。」小靜說：「老師說隨便怎麼弄，為什麼妳可以吃兩個？」小柔附和道：「對啊。」小葳回答：「哪有？我哪有吃兩個？」小靜說：「有！我剛剛有看到妳在吃。」小柔附和道：「對啊。」小葳回答：「我吃一個而已啊。」說著，張開嘴巴給小靜看。小鶯拿診療單給小葳看，說：「啊～這個 X 光呢？X 光……」小葳接過診療單，說：「好！」小葳對著小靜說：「我不能隨便亂給人啊。」小靜問：「為什麼不行？」小葳回答：「要有客人來看病，很乖的才給他。」此時，小柔一直拍著小葳肩膀，並說：「跟妳說！跟妳說啦！」而小鶯則叫著：「醫生！」小柔說：「醫生！那個人在.那個小 baby 在/。」小葳趁機趕快將掛在小柔脖子上的護士帽，戴在她頭上，並說：「妳要去動手術了，所以

要戴帽子。妳手術用得很好，我再給你吃一顆。」小柔扶正護士帽，拿起桌上的玩具罐子離開。

……（省略一段）

小鶯拿診療單到小葳面前，說：「790。」小葳看了一下，說：「對啊！妳拿著，以後就看這一張。」正要走向病床的小鶯，轉身說：「好！」並接過診療單。

小妙將洋娃娃從病床抱回到入口的桌子，對小葳說：「護士，X光.X光可能沒電了，需要加電池。」小葳說：「好！那妳去.我給妳一顆.拿去！」從塑膠盒拿了一個小珠子，遞給小妙。小葳又說：「三顆。」說著又拿了三粒珠子給小妙。小鶯走來，拿了小葳面前桌上的鉛筆在診療單邊寫邊說：「X光。」小葳搶了鉛筆，邊在診療單畫著，邊說：「這樣子喔！X光就是這個啊。」小鶯重複道：「X光就是這個。」將診療單放入白色長袍的口袋，走向病床。

小柔走回，將玩具罐子交給小葳。小葳問：「手術用得好嗎？」小柔回答：「好。」小葳說：「我去問病人。不要亂拿東西，幫我顧著。」小葳走到小床邊，問小萱：「病人！病人！病人！手術用得好嗎？」此時，旁邊的小鶯正拿著鏡子對著躺在病床上的小萱照著，指著鏡子說：「看這個鏡頭。」小萱沒有回應。小鶯不斷翻轉鏡子，並說：「X光機，看/」小葳打斷小鶯的話，對他命令道：「等一下！你先停一下！」小鶯停止翻轉鏡子。小葳重複問：「ㄟ…那個，手術用得好嗎？可以健康嗎？」小萱點頭。小葳回到小桌前，對小柔說：「來！給妳粉紅色

的。」說著，先拿一顆軟糖放進自己嘴裡，再拿一顆給小柔。

　　……（後段省略）

註：引自陳淑敏（2002）。

　　象徵遊戲，尤其是社會劇遊戲，是大部分研究兒童遊戲的學者所關心之遊戲形式，因此筆者特別提供「觀察實例 3-5」和「觀察實例 3-6」，並從該類遊戲發展的指標來比較分析，期盼有助於讀者更深入了解幼兒象徵遊戲行為的發展。這兩個觀察實例都是進行「看病」的遊戲主題，但因幼兒的年齡不同，加上教師所提供的資源不同，幼兒所呈現的遊戲行為也有不同。以下只從幼兒年齡比較分析其遊戲行為，至於教師提供的遊戲資源對幼兒遊戲的影響，留待第八章中「遊戲指導」（第 217～218 頁）再作分析。

　　從遊戲中的人際結構來看，「觀察實例 3-5」中的 3 歲幼兒和「觀察實例 3-6」中的 5 歲幼兒，表現有相當多不同。從幼兒所戴頭套或所穿服裝推測，這兩個教室的幼兒，在遊戲之前都已分配好醫生、護士和病人的角色。但在實際扮演時，3 歲幼兒的人際結構較為簡單，且缺少整合性與互補性的互動。在整個遊戲過程中，幾乎都是扮演「媽媽」的琪琪和扮演護士的莉莉兩人之間的互動，偶爾有第三者短暫介入，隨即恢復兩人的互動。琪琪是筆者當日觀察之標的幼兒（研究助理錄影的主要對象），但筆者在現場也觀察到其他幼兒的遊戲行為。有些幼兒在遊蕩，有些有短暫互動，但不一定在進行扮演。扮演護士的莉莉不但幫小狗和鯊魚看各種疾病，包括：牙痛、耳朵痛、手

流血等，還負責開藥方、包藥等所有事情。戴著醫生頭套的幼兒，似乎沒有去扮演該角色，當聽到一名幼兒說他的鯊魚死掉，還向護士報告，而由護士幫忙醫治。

相較之下，「觀察實例 3-6」中的 5 歲幼兒，在扮演時不但角色較多，且角色之間較能彼此互補與整合。出現的角色有醫生、護士（不只一名）、病人（不只一名）、警察等。雖然醫生和護士有時也出現不合乎其角色之行為（省略的部分），但大致上是醫生負責看病、開處方，護士負責叫喚病人，聽從醫生的指示處理事務，角色之間有比較合宜的互動，且彼此之間產生關聯。

此外，5 歲幼兒的角色協商能力顯然優於 3 歲幼兒。在「觀察實例 3-5」中，琪琪兩度要求當護士，但都被莉莉否決，導致遊戲暫時停頓。在琪琪答應繼續當病患（狗）的媽媽之後，遊戲才恢復進行。相較之下，5 歲幼兒的協商能力顯然較佳。在「觀察實例 3-6」中，小葳告訴小妙「小鶯是護士」時，小妙辯稱自己才是護士，而小鶯也加以附和，並且宣告兩人都是護士，此時小葳只能從善如流，角色衝突因而化解，遊戲也因而順利進行。

另外，此兩例中的幼兒之醫病知識也有不同。5 歲幼兒的醫病知識顯然較為豐富，對護士與醫生的角色及看病內容都知道較多，其對話中出現手術、X光、心臟跳很快等語詞，醫生出現開處方，護士幫忙照 X 光等行為，都是 3 歲幼兒的扮演中所未見。反觀 3 歲幼兒反覆出現的疼痛、流血、消毒、吃藥等語彙都是生活當中常用的語詞，不一定到醫院看病時才用得到。最後，從扮演時間長短來分析，3 歲幼兒的扮演大約 26 分鐘，其中常有跳脫主題或中斷扮演的情形，且

扮演的內容較多重複，情節較為簡單。5歲幼兒的扮演將近45分鐘，雖然當日觀察之標的幼兒也有跳脫主題的扮演行為，然在娃娃家的大部分幼兒幾乎都持續扮演在醫院中所擔負的角色，扮演的情節也較為複雜。

第四節　社會遊戲之發展

　　嬰兒從與周遭人物的互動中獲得社會技巧，對往後遊戲行為的發展有很大的幫助。由嬰兒愉快的發出聲音，可見嬰兒從社會互動中獲得快樂。嬰兒從與照顧者玩躲貓貓遊戲（peek-a-boo）中，認識了假裝的世界；這樣的遊戲不僅能增進假裝技巧，也能增進嬰兒的社會技巧。

　　嬰兒不論在獨處或有他人在附近，常常會進行玩物遊戲。有大部分的學步兒80%的時間是獨處，只有20%的時間有母親陪伴。在獨處的時候，學步兒也常常在進行探索和遊戲。與年齡相仿的同伴相處時，學步兒常常以玩具向同伴示好，因此玩具成為學步兒與同伴互動的媒介。坐在鄰近而各自遊戲的學步兒，有時會藉著玩具來產生互動（Johnson et al., 1987）。

　　隨著年齡的增長，幼兒的社會與語言能力逐漸增加，幼兒在遊戲中與他人互動的次數也逐漸增多，互動的情形也愈趨複雜。

　　Parten（1932）觀察幼兒在遊戲中的社會參與情形後發現，幼兒在遊戲中的社會行為可以分為六類：

1. 無所事事的行為（unoccupied behavior）：沒有參與任何遊戲活動或社會互動，只是隨意觀望。

2. 旁觀者的行為（onlooker behavior）：幼兒大部分時間都在觀看他人遊戲，偶爾和他人交談，有時候會提出問題或提供建議。

3. 單獨遊戲（solitary play）：幼兒獨自遊戲，沒有和他人互動，附近也沒有其他幼兒玩相同的玩具（如圖 3-4 所示）。

圖 3-4 單獨遊戲

4. 平行遊戲（parallel play）：幼兒玩與鄰近幼兒相同的玩具，但彼此之間沒有互動。

5. 聯合遊戲（associative play）：幼兒和其他幼兒玩在一起，進行相似但不一定相同的活動。遊戲之中，沒有分工和組織。

6. 合作遊戲（cooperative play）：遊戲具有組織性，幼兒和其他
幼兒合力完成某個作品或達成某個目的（如圖 3-5 所示）。

圖 3-5　合作遊戲

　　Parten 發現，幼兒的社會遊戲行為因著年齡而有不同：2 至 3 歲
幼兒出現很多無所事事的行為；2 歲半至 3 歲幼兒出現很多旁觀者的
行為（如圖 3-6 所示）；2 至 2 歲半的幼兒以單獨遊戲居多；2 歲半
至 3 歲半的幼兒以平行遊戲居多；3 歲半至 4 歲半的幼兒以聯合遊戲
居多；4 歲半的幼兒以合作遊戲居多。然而，Smith 則發現平行遊戲
是 2 至 3 歲幼兒最主要的遊戲方式，而大多數 3 歲和 4 歲幼兒直接從
單獨遊戲進步到群體遊戲（group play）（Chen, 1992）。

幼兒遊戲

圖 3-6　多名旁觀者

 第五節　語言遊戲之發展

　　提起兒時遊戲，很多人或許還記得那時用很多橡皮筋連接成一條長長的跳繩，和左鄰右舍的小朋友一起跳繩的情景。當跳繩一左一右來回擺盪時，大家輪流，一邊跳繩一邊唱著：「小皮球，香蕉油，滿地開花二十一，二五六，二五七，二八二九三十一……」。

　　在遊戲中，幼兒常常使用語言，包括對自己、他人、玩具和玩物說話。在假裝遊戲中，幼兒使用較多也較為複雜的語言。假裝遊戲讓幼兒能想像、創造與描述自己不曾親身經歷的事物。猜謎語、說笑話、唸兒歌或韻語等，都是幼兒所喜愛的語言遊戲，這些活動也提供幼兒玩弄與製造聲音的機會。

　　反覆地發出相似的聲音，是前語言期的嬰兒獲得快樂的來源之

一。在這個時期，嬰兒與母親之間常常進行這類的遊戲。母親發出「嗚嗚」的聲音，或以舌尖抵住上顎發出「答答」的聲音，伴隨著搔癢的動作以及嬰兒「格格」的笑聲，是嬰兒與母親之間最常見的遊戲情景。在牙牙學語的階段，尤其是在出生 6 至 10 個月之間，嬰兒在獨處時常常會不經意地發出各種不同的聲音。其中有些聲音後來不再出現，有些聲音因為與母語系統的聲音近似得以保留，爾後這些聲音又會組成有意義的單字。當嬰兒能發出第一個有意義的字時，語音的遊戲就此開始（Garvey, 1990）。

2 至 3 歲之間，是語言發展非常迅速的時期。反覆地發出有規律而無意義的聲音或字串（例如：滴滴答、滴答答、答答滴），伴隨著一些動作，彷彿在進行語言的探索，是 2 歲和 3 歲幼兒在獨處的時候經常進行的遊戲，這也是練習遊戲（practice play）的一種。這個年齡的幼兒也學會了代表某些特定意義的聲音，例如：電話聲（鈴鈴）、狗吠聲（汪汪）、貓叫聲（喵喵）、汽車聲（ㄅㄨ ㄅㄨ）。這些簡單而反覆的聲音，代表著相當豐富的意義，常常伴隨著肢體動作而出現在假裝遊戲中（Garvey, 1990）。隨著人際互動機會的增加，與他人交談、發問與回答的機會也隨之增多。數數、唱名與指物的學習也隨時在進行，這些都提供幼兒練習語言的機會，有時候這些活動也成為幼兒的語言遊戲。

到了 3 歲左右，同儕遊戲的機會增多，同儕間的交談即隨之增加。在 3 歲半左右，各種形態的語言結構都被使用在幼兒的社會遊戲中。出現在社會遊戲中的語言，包括：自發性的押韻和單字遊戲（spontaneous rhyming and word play）、幻想與胡說（fantasy and non-

sense），以及交談（Garvey, 1990）。

在 1950 至 1970 年代，臺灣兒童常唸的兒歌韻句很多，兒童一邊唸著，一邊配合做出各種動作，茲舉一、二為例。

例一

兒童將雙手之拇指、食指和中指插入所摺的紙中，一邊使摺紙一開一合，一邊唸著：「東西南北恰北北」（國臺語夾雜）。

例二

兩人面對面坐著，一邊相互拍掌，一邊唸著下面的童謠：「一的炒米香，二的炒韭菜，三的嗆嗆滾，四的炒米粉，五的五將軍，六的乞食孫，七的分一半，八的爬梁山，九的九嬸婆，十的撞大鑼，打你千打你萬，打你一千零五萬，羞羞羞不見誚，猜輸不甘願，玩輸起氣喘，不甘願，起氣喘，我要來去投老師，投老師」（臺語）。

隨著輕快活潑的韻律，邊唱邊拍，兩人左手對右手，右手對左手，直向相互拍打；或左手對左手，右手對右手，斜向交叉拍打。一句一拍，單掌或雙掌均可，甚至愈唱愈快，愈拍愈快。

例三

兒童一邊玩沙包，配合丟擲沙包的動作，一邊唸著臺語的字詞。首先將三粒沙包放置手掌中，接著唸：「一放雞」，放下一粒沙包。接著又唸：「二放鴨」，放下另一粒沙包（緊靠在第一粒沙包旁）。「三分開」，將緊靠的沙包分開。「四相疊」，將沙包疊在一起。接

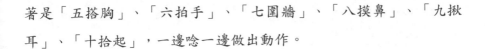

著是「五搭胸」、「六拍手」、「七圍牆」、「八摸鼻」、「九揪耳」、「十拾起」，一邊唸一邊做出動作。

例四

臺語的「掩咯雞」是捉迷藏的意思。在玩之前先找出一位當「鬼」的人，通常由年齡較長者擔任主持工作，主持人單手開掌，掌心向下，孩子們豎直食指頂住主持人掌心，然後大家齊唸：「掩咯雞走白蛋，隨你吃隨你繢，咯雞子覓密密，老鼠子偷做賊，一支刀一支劍，欲走不走～」

唸到此，大家閉嘴，稍作停頓之後，由主持人決定唸唱速度，大家叫道：「不可哖。」在唱出「哖」字之同時，主持人收掌握掌，孩子們急速抽出手指。未能抽出手指的小朋友，就必須當「鬼」。

此外，當時流行的臺語韻句兒歌還有很多，但是有些不一定有動作配合，例如：

店啊嘎（瀝青），黏到腳；叫阿爸，買豬腳；豬腳胖，滾爛爛；餓鬼囡仔，流口水。（臺語）

火金姑，來呷茶。茶燒燒，來呷金蕉。金蕉冷冷，來呷龍眼。龍眼愛捌，來拿捌仔。拿捌仔全全子，呷一下落牙齒。

大頭仔，大頭仔，一粒珠，相看不認輸。拿竹竿，槓金龜。金龜一霎飛，大頭仔放風箏。風箏斷了線，大頭仔家當去一半，去一半，去一半。

ABC狗咬豬，阿公仔坐飛機，摔一下冷嘰嘰，叫醫生來給伊醫，醫一下腳骨大小隻，醫一下腳骨大小隻。

前幾年左鄰右舍的小朋友玩在一起，時而聽到他們大聲唸著：

城門城門雞蛋糕，三十六把刀，騎白馬，帶把刀，走進城門滑一跤。

黑白黑白我勝利，七七乳加巧克力，阿里巴巴落牙齒，白雪公主最美麗。（國臺語夾雜）

前幾年在幼兒園常聽到幼兒唸著下列的兒歌，有時還配合著動作：

星期一，猴子穿新衣，星期二，猴子肚子餓，星期三，猴子去爬山，星期四，猴子看電視，星期五，猴子去跳舞，星期六，猴子去斗六。

五隻猴子盪鞦韆，嘲笑鱷魚被水淹，鱷魚來了，鱷魚來了～

上述的韻句兒歌，有些字句雖然有些不雅，但是卻相當逗趣，幼兒一經接觸多半能琅琅上口，甚至平日表達能力不佳的幼兒亦是如此。從不同年代所流行的兒歌韻句，也可以約略窺見當時社會與經濟發展的情形，例如：在臺灣物質匱乏的 1950、1960 年代，兒童看到豬腳真是垂涎三尺；現在的兒童，物資豐裕，除了三餐，還有很多零食。這些現象都反映在兒歌韻句當中。

語言被使用在各種遊戲中，使遊戲更富意義與樂趣。幼兒的語言

遊戲最初大都是自發的，而不是引用自他人。到了 3 歲，因為成人的教導，遊戲中所使用的語言結構才逐漸脫離兒語的形態（Frost, 1992）。

幼兒遊戲

第四章
遊戲觀察

　　遊戲觀察是了解幼兒遊戲行為的主要途徑。透過遊戲觀察，父母或教師可以了解幼兒在遊戲中經常使用的玩具或玩物、互動的玩伴、遊戲的形態，以及遊戲行為的層次，由此可以進一步評估應提供幼兒何種協助，以豐富幼兒的遊戲內容及提升幼兒遊戲行為的層次。

　　觀察幼兒遊戲行為的方法很多，不同的方法有不同的目的。觀察者可以根據觀察的目的選擇適當的方法進行觀察，以了解幼兒遊戲行為的不同層面。以下針對幾個經常被使用的方法加以探討。

第一節　類別系統

　　類別系統（category system）是將遊戲行為分成幾個大類，各類行為彼此獨立且互相排斥。遊戲行為只能被評定為某一類別，而不能同時屬於兩種類別。

一、Parten 的社會遊戲量表

　　對幼兒遊戲行為的觀察，最早是針對個別幼兒。而針對一群幼兒的遊戲行為之觀察，最早始於 Andrus（引自 Parten, 1932）。然而，

幼兒遊戲

比較普遍被使用的則是 Parten（1932）所發展出來的社會遊戲量表。
Parten 從社會參與的角度，觀察幼兒的遊戲行為，她將幼兒在遊戲中
的行為分成下列六類。

（一）無所事事的行為

目標幼兒（被觀察的幼兒）沒有在玩，注意力常常被周遭的事物
所吸引。周遭若無吸引其注意的事物，他就玩玩自己的肢體、在椅子
上爬上爬下、到處晃晃、跟著老師或坐在固定的位置，然而目光卻四
處飄移。

（二）旁觀者的行為

目標幼兒大部分時間都在看其他幼兒玩。他常常和被他觀察的幼
兒說話，對他提問題或建議，但是沒有加入他的遊戲。旁觀者的行為
和無所事事的不同之處，在於旁觀者會針對特定的群體進行觀察，而
不是隨處看看。目標幼兒會站在距離被他觀察的幼兒很近的位置，可
以看到被觀察者的行為和聽到其話語。

（三）單獨遊戲

目標幼兒和在交談距離之內的幼兒玩不同的玩具，專注地玩著自
己的遊戲，但沒有和附近的幼兒交談。

（四）平行遊戲

目標幼兒玩著和附近幼兒相同的玩具，但沒有和其他幼兒互動。

（五）聯合遊戲

目標幼兒和其他幼兒玩在一起，其交談內容以共同的活動為主，有玩具的共享。所有幼兒進行類似或相同的活動，但活動中並沒有組織和分工。

（六）合作遊戲

目標幼兒和其他幼兒玩在一起，活動有組織和目的且有分工，角色是互補的。

使用 Parten 的社會遊戲量表觀察幼兒的遊戲行為，是以時間取樣的方法進行。通常可以輪流觀察多位幼兒，每位幼兒每次觀察 1 分鐘，每一輪迴的觀察順序都不同。在觀察每位幼兒 60 分鐘之後，即可看出其遊戲行為的形態。

二、Piaget/Smilansky 的遊戲量表

Buhler 認為，兒童遊戲（games）的發展順序依序是：功能性遊戲（functional games）、建構遊戲（construction games）、假裝遊戲（make-believe games），以及集體遊戲（collective games）（引自 Frost, 1992）。Piagct 認為，建構遊戲不是單純的遊戲行為，因為它是目標導向的，所以是介於遊戲與工作之間的一種行為。因此，他修改 Buhler 的觀點，提出遊戲發展三階段論。他指出，兒童的認知發

展影響遊戲行為,兒童的認知發展從感覺動作到運思預備再到具體運思,遊戲行為的發展則由練習遊戲到象徵遊戲再到規則遊戲。練習遊戲是指,嬰兒無目的地作用於物品,從而得到快樂,其特徵是簡單而不斷重複的動作。練習遊戲發生於感覺動作期,到學前時期時此種遊戲行為逐漸減少,而象徵遊戲行為則逐漸增加。到了具體運思期,規則遊戲行為大為增加,而象徵遊戲行為則大為減少。規則遊戲是指,兒童在遊戲時依照彼此所商訂的規則進行遊戲。此種遊戲傾向於強調某種技巧,遊戲中友伴之間常是彼此競爭而非彼此合作的,友伴之間的交談也比較少(如圖 4-1 所示)。

圖 4-1　規則遊戲

　　和 Buhler 一樣,Smilansky(1968)也認為,建構遊戲是在功能性遊戲與象徵遊戲之間發展的一種遊戲行為。建構遊戲大約出現在學步兒 22 至 24 個月大的時候。在這個時候,學步兒開始有目的地利用各種玩物創造出其他玩物(例如:利用樂高積木組合手槍)。Smilansky 指出，兒童的遊戲行為可以分為四個階段：功能性遊戲、建構遊戲、戲劇遊戲（此即 Piaget 的象徵遊戲），以及規則遊戲。

使用 Piaget/Smilansky 量表進行遊戲觀察記錄時，也是以時間取樣的方法進行。通常是輪流觀察多位幼兒，每次觀察每位幼兒 30 秒。在觀察每位幼兒 20 至 30 次之後，即可看出每位幼兒的遊戲形態。

三、Parten/Smilansky 的遊戲量表

Rubin 與其他學者將 Parten 的社會參與類別和 Smilansky 的遊戲行為四階段模式加以結合，以做為觀察幼兒遊戲行為的參考架構。Rubin 等人並將認知層面的每一類遊戲之定義加以簡化：功能性遊戲是簡單而重複性的肌肉動作（可以有玩物，也可以沒有玩物）；建構遊戲是操弄物品以建造或創造某物；象徵遊戲是想像替代，以滿足個人的需要與願望；規則遊戲是接受並且去適應事先訂定的規則。此外，Rubin 等人又將 Parten 的聯合與合作遊戲合併為群體遊戲。結合社會參與的三類遊戲行為與認知遊戲的四類行為，總共可以分為十二類遊戲行為（如表 4-1、表 4-2 所示）。

表 4-1 社會的─認知的遊戲

	單獨	平行	群體
功能性	單獨─功能性	平行─功能性	群體─功能性
建構	單獨─建構	平行─建構	群體─建構
戲劇	單獨─戲劇	平行─戲劇	群體─戲劇
規則	單獨─規則	平行─規則	群體─規則

註：1. 另外還有兩個非遊戲類別：無所事事和旁觀者。
2. 引自 Johnson 等人（1987）。

 **幼兒遊戲**

表 4-2 Parten/Smilansky 對於各類遊戲行為的定義

認知層次

1. 功能性遊戲：重複性的肌肉動作，可能有玩物，也可能沒有玩物，例如：(1)跑和跳；(2)將物品放入和倒出；(3)反覆操弄物品；(4)打打鬧鬧。
2. 建構遊戲：利用物品或材料去做成某物。
3. 戲劇遊戲：角色扮演或象徵性的轉換。
4. 規則遊戲：依照既定的規則遊戲。

社會層次

1. 單獨遊戲：所玩的玩物與附近的其他幼兒不同，也沒有和其他人交談。
2. 平行遊戲：所玩的玩物或所進行的活動與附近的其他幼兒類似，但是沒有和其他幼兒互動。
3. 群體遊戲：和其他幼兒共同遊戲。

無所事事／旁觀者／活動轉換：
無所事事的行為，旁觀者的行為，從一個活動換到另一個活動。

非遊戲活動：
教師指派的工作，塗寫坊間教材。

　　使用 Parten/Smilansky 量表觀察幼兒的遊戲行為，首先必須熟悉十二類行為中每一類行為的定義。其次要準備好記錄的表格，表格的形式不妨以認知與社會參與兩個向度交叉成十二格（如表 4-3 所

示），每一位幼兒一張表格。最後要決定觀察的程序。每次觀察之前，先以隨機的順序安排好觀察每位幼兒的順序。每次觀察一位幼兒的時間是 15 秒，在第 15 秒結束時馬上記錄，也可以預留 5 秒鐘做紀錄。當第一位幼兒的觀察記錄結束後即將其表格放在最下面，接著觀察第二位幼兒。待所有的幼兒被觀察完畢，即可開始第二輪迴的觀察。俟每位幼兒被觀察 20 至 30 次之後，即可大約看出其遊戲行為的形態（Johnson et al., 1987）（如圖 4-2、圖 4-3 所示）。

表 4-3　Parten/Smilansky 紀錄表

姓名：	觀察日期：			

認知層次

社會層次	認知／社會	功能性	建構	戲劇	規則
	單獨				
	平行				
	群體				

	無所事事／旁觀者／轉換	活動
非遊戲		

註：引自 Johnson 等人（1987）。

圖 4-2　群體建構遊戲

圖 4-3　群體戲劇遊戲

第二節　量表觀察輔以訪談

　　放學後，若珊利用等媽媽來接她的時間，走進大班的教室玩。她走到一個由 17 塊小三角形積木所堆成的大三角形積木作品前，再用食指去挖積木之間的縫隙，積木就整個倒了下來。接著，若珊利用這些積木一塊一塊接起來，想要排成一個梯形。當她把第八塊放上去時，積木全倒了。

　　若珊接著邊拿積木邊數數，如此一塊接著一塊把積木放入托盤，再把積木全部倒出。然後，她又把四個三角形積木排成一列，一共排了四列。排完之後，她對老師說：「老師，你看變這樣！」老師對她笑一笑，並點點頭。若珊說：「樹葉變一條線。」若珊的哥哥走過來，聽到了就說：「樹葉在排隊啦！」若珊拿起裝積木的托盤說：「這是床。」並且開始將積木放進托盤，接著又說：「老師，它們去睡覺了。」最後剩下三塊在外面。若珊又說：「它們不乖，所以不能去睡覺。」過了 30 秒，若珊才把它們放進托盤，並且說：「它要去睡覺了。」

　　之後，若珊又把積木全部倒出開始重新排列。若珊說：「它們又要排隊了。」又文走過來，伸手要拿積木，若珊馬上制止說：「你不要拿我的！」又文說：「我們把它排成兩排，好不好？」若珊回道：「好！」又文開始和若珊一起排，兩人合作排成三個一排，一共五排的隊伍。若珊拿了最後一塊積木放在隊伍前面說：「這是老師。」又指著積木隊伍說：「剩下的，是小朋

友。」若珊接著把積木一塊一塊放入托盤，並且說：「它們去睡覺了。」

若珊又把積木倒出來，兩個一列排成七列，最前面又放了一塊積木。邊排口中邊說：「它們排隊要去操場，小朋友要手牽手喔！」

如果是使用量表以時間取樣的方法進行上述的觀察，目標幼兒的行為可能會被界定為建構遊戲。但是持續觀察一段時間，觀察者可以發現遊戲行為的變化。再從目標幼兒所說的話語去分析，對她的遊戲行為又有不同的界定。

有些學者認為，純粹使用 Parten/Smilansky 量表觀察幼兒的遊戲行為，並不能正確地推論幼兒遊戲行為的發展，主要的原因有三（Pack & Michael, 1995; Reifel & Yeatman, 1993; Smith et al., 1985; Takhvar & Smith, 1990）。

一、遊戲行為類別順序的問題

Parten 將幼兒在遊戲中的社會參與度由低而高排列，依序是無所事事的行為、旁觀者的行為、單獨遊戲、平行遊戲、聯合遊戲，以及合作遊戲。Parten 發現幼兒年齡愈長，遊戲中的社會參與度也愈多。然而，有些以 Parten 的分類所作的觀察研究並未有相同的發現，因此有些學者認為 Parten 的遊戲行為類別不能視為遊戲行為發展的順序。換句話說，單獨遊戲不見得是比較不成熟的遊戲行為。另外，Smilansky 視建構遊戲為介於功能性遊戲與象徵遊戲之間的一種遊戲型態，也未獲得其他研究的證實。很多研究都發現：建構遊戲和象徵遊戲在學前階段都有增加的趨勢，因此建構遊戲應該是和象徵遊戲同時發展，而非在此類遊戲行為之前發展。

二、觀察時間的長短所造成的問題

每一個研究中所設定的觀察時距（即每一次觀察所需的時間）長短不一，有的短到 10 秒鐘，有的長達 30 分鐘。觀察時距短而次數多時，所看到的行為比較具有代表性。而觀察時距長時，觀察會比較深入。當一次觀察的時間較長時，目標幼兒可能出現數類遊戲行為（從較低層次發展至較高層次）。但是當一次觀察的時間較短時，觀察者所記錄到的可能都是較低層次的行為。

三、推論所產生的問題

從 Smilansky 與 Rubin 的觀點去定義建構遊戲或戲劇遊戲，都必須去推測遊戲者心中的想法。觀察者如何才能知道遊戲者究竟是要創造某物，還是在進行想像以替代真實的事物？從遊戲者的外顯行為推論是一個方法，直接詢問遊戲者則是另一個方法。只使用前一個方法去界定遊戲行為與同時使用這兩個方法所得到的結論可能不同，例如：數位兒童坐在大木桶上，雙腳不斷搖晃踢著木桶。根據 Smilansky 與 Rubin 的定義，這樣的行為應界定為功能性遊戲，但是當這些幼兒

幼兒遊戲

被問到他們在做什麼時,他們的回答卻是「在騎馬奔馳」,根據這樣的回答,則應該將這樣的遊戲行為定義為戲劇遊戲。

由此可見,純粹以 Parten/Smilansky 量表來觀察和界定幼兒的遊戲行為,和透過觀察與訪問所界定的遊戲行為可能有所不同。在觀察時被界定為功能性或建構遊戲的行為,再經過訪談後有些可能變成戲劇遊戲,但是從來沒有原先被定義為建構遊戲的行為變成功能性遊戲。可見純粹以 Parten/Smilansky 量表觀察,很可能會低估兒童遊戲行為的層次。然而,實施訪談也有其困難之處,一來它可能造成遊戲行為的中斷,二來若訪談者非幼兒所熟悉且信賴的成人,幼兒可能會不願意回答問題。

 第三節　情境架構

既然 Parten 或 Smilansky 的分類,都不能涵蓋所有的遊戲行為,也不能完全正確地代表幼兒遊戲行為層次的高低,而觀察時距的長短又可能影響遊戲行為的推論,因此以 Parten/Smilansky 量表為參照架構,進行時間取樣的觀察,並不能十分正確地推論幼兒所有的遊戲行為。雖然再透過訪談可以避免只以 Parten/Smilansky 量表推論遊戲行為之類別所可能發生的錯誤,但是並不能避免前一節所述及的其他缺失,而且訪談可能中斷幼兒的遊戲行為,且改變遊戲對幼兒的意義。因此,Reifel 與 Yeatman(1993)建議從影響遊戲行為的種種情境因

素（遊戲素材、社會關係、實際生活經驗）等，去觀察一段時間內遊戲行為的進展，以捕捉幼兒在遊戲活動中所呈現的富於變化之行為及其所蘊含的豐富意義。

　　情境架構（contextual frame）是以 Bateson 與 Vygotsky 的理論為基礎。Bateson（1972）認為，遊戲是一種架構（frame），是一種模擬的行為（simulative behavior），也是一種「假裝」的行為（as-if behavior）。Reifel 與 Yeatman（1993）又指出，教室內的遊戲是為模擬行為而創造的架構，在創造架構的過程中再賦予遊戲意義。

　　當幼兒與玩物或他人互動時，很可能會有遊戲行為發生。遊戲的形成則受到幼兒所知覺到的情境因素所影響，這些情境因素包括：玩物、他人的觀點、反應與刺激，以及個人的動機。Vygotsky（1966, 1978）的樞軸概念可以解釋這些情境因素，他認為，在遊戲中兒童以物品為樞軸，幫助他們進行心理的轉換，將行動轉換為意義。教室中的各種遊戲都是以玩物為基礎，包括幼兒對玩物的先前經驗，以及與他人在一起的經驗。

　　Reifel 與 Yeatman（1993）又指出，教室裡的遊戲活動十分複雜，觀察時應該記錄形成遊戲活動的所有要素。從遊戲的發生到開展，形成要素包括：玩物的影響（如何被探索與創造）、教室裡的社會關係（單獨或有群體互動）、實際的生活經驗、對情境的抉擇、遊戲的過程等。在遊戲活動中，有幼兒的想像世界（手邊的工作）與教室裡不斷變動的同儕社會世界之互動，還有與更廣泛的人、地、物及事的世界互動。在遊戲之中，想像世界變得比較顯著，占據主要地位。遊戲是幼兒在處理手邊的工作（選擇玩物）、參與社會關係（選

擇玩伴）、進行模擬（選擇或創造架構）時，所創造出來的一個架構
或另一個世界。隨著時間的經過，幼兒反覆地進入與跳出人、地、物
及事互動的架構，遊戲也在這段時間內逐漸成形。

　　Reifel 與 Yeatman（1993）建議，觀察幼兒在教室裡的遊戲活動
時，不妨從下列幾個問題著手，詳細描述遊戲的過程，以捕捉幼兒遊
戲活動的全貌。

1. 教室裡有哪些玩物？

　　(1) 哪些玩物可以進行轉換？

　　(2) 這些玩物暗示了什麼樣的遊戲架構？

　　(3) 玩物是否暗示特定的遊戲架構（例如：扮家家酒）？

　　(4) 玩物是否需要創造力？

2. 教室裡的社會關係為何？

　　(1) 哪些東西可以作為社會樞軸（觀點的、角色的）？

　　(2) 能否選擇社會約定（social engagement）？

　　(3) 觀點的協商是否可行或必要？

　　(4) 朋友是否有助於轉換？

　　(5) 衝突是否有助於轉換？

3. 實際生活經驗

　　(1) 生活中有哪些經驗可被模擬？

　　(2) 有哪些主題曾經在教室裡被討論過（書本上的、單元的）？

4. 遊戲抉擇

(1) 以現有的玩物、思想與情感，能創造什麼樣的遊戲架構？

(2) 選擇什麼樣的玩物與玩伴？

5. 時間（遊戲持續的久暫）

(1) 前一個架構與轉換如何影響下一個？

(2) 前一天的遊戲如何影響後一天的遊戲？

　　以下是使用情境架構觀察的實例。

觀察實例 4-1

　　積木角放了一籃一籃的積木，每一籃積木的形狀都不相同，有原木的小積木，有樂高積木，還有塑膠的人形積木和不規則的環狀積木。積木之外，還有一籃塑膠製的小恐龍。哲穎和翔宇各自拿了一籃積木放在腳邊組合起來。因為積木角的空間不大，所以兩人坐得相當接近。哲穎從籃裡拿出原木的小積木放在地板上，一塊接著一塊圍成中空的四方體（看起來像房子，但沒有屋頂）。翔宇則從腳邊的籃裡拿出樂高積木，一塊接著一塊組合成戰車。然後，哲穎又從矮櫃中拿了一隻恐龍把玩起來。過了片刻，哲穎對翔宇說：「假裝這是恐龍住的地方，我在蓋恐龍的家。」翔宇回答：「好啊！」說完，哲穎繼續蓋恐龍的家。「家」蓋好之後，哲穎雙手拿起放在一邊的恐龍，說：「我要讓牠當壞人。」邊說邊把恐龍放入牠的家。

 幼兒遊戲

　　積木角有四男一女在遊戲，應然以塑膠積木在組合高速公路。公路高低起伏，時而穿過山洞，時而爬過小山。道路築好之後，又拿了一段段的鐵軌從公路的某一點開始築起鐵道。應然築路時，文瑩則拿著載著兩個人偶的汽車在道路上來回行駛。文瑩低著頭專注地移動車子，不斷喃喃地說著：「你要小心一點喔！不要跑出去。」車子走到道路盡頭，文瑩拿起一個人偶放在道路旁，對他說：「Bye！Bye！」然後倒退車子，嘴裡同時發出「嗶！嗶！」的聲音，繼續移動車子。

觀察實例 4-3

[積木角有三位男童在玩積木，浩偉與志剛在堆疊大型積木磚，明倫與正華在積木角中的另一端玩積木]

浩偉：喂！我要堆新的萬里長城。

志剛：這是我的家耶！你的家在高樓大廈這裡。

浩偉：喂！你很奇怪耶！這算家嗎？

　　　[浩偉與正華繼續堆砌積木磚牆]

浩偉：喂！快要蓋好了。

　　　[一位男童與另一位男童打鬧，撞到積木磚牆]

浩偉：（喊叫）喂！奇怪耶！你幹嘛打我們的！

浩偉：[修復積木磚牆]給我搬出去！[繼續組合自己的積木車]

　　　[翔宇被推倒，撞上積木磚牆]

志剛：我幫你。

浩偉：[修復積木磚牆]喂！你看啦！人家很辛苦地排的。奇怪
　　　耶！
　　　[浩偉走到木櫃旁，尋找木櫃上的積木，拿了兩架積木組
　　　合的飛機，坐回明倫與正華身旁]

浩偉：你看！他得到一個新娘了！你看！他得到一個新娘！[對
　　　志剛]你可以幫我給這個新娘治好嗎？[展示手中的樂高積
　　　木組合之造型（代表公主），然後將它放下]

明倫：ㄅ～[以手中的樂高積木造型觸碰公主身上]

浩偉：好了！[拿起公主]

明倫：[拿著自己組合的積木飛機撞擊浩偉組合的積木]攻擊！
　　　碰！

浩偉：喂！這公主……喂！這公主耶！

浩偉：[自言自語]我一定可以見到你的，再見了，我們就變成小
　　　鳥吧！

浩偉：公主變小鳥！可惡可惡！公主變小鳥！碰！
　　　[正華拿起浩偉放在地上的積木飛機]

浩偉：喂！給我拿走就告訴老師！

浩偉：[雙手各拿一架積木飛機，自言自語]我一定可以見到你
　　　的，再見！（女性尖銳的腔調）再見！（正常腔調）再
　　　見！

浩偉：（女性尖銳的腔調）喔喔！啊！（正常腔調）公主要死
　　　了！

浩偉：好了，謝謝！

正華：然後有一個人，有一個醫生站在這裡，[將自己的積木放
　　　在積木磚牆上面]古老的萬里長城。

浩偉：（正常腔調）嗚！咳咳！還好，咳！我只是感冒了。（女
　　　性尖銳的腔調）喔！快去快去！你沒事吧？回去萬里長
　　　城。

正華：炸彈！碰！[拿一塊積木磚敲擊浩偉的積木]

浩偉：你幹嘛碰這個公主！

正華：公主是壞人耶！

浩偉：（喊叫）不是！

正華：她在做什麼的？

浩偉：因為她是他的新娘啦！

志剛：你要問士兵才可以進來喔。

明倫：不是，要問我國王。

浩偉：國王，我可不可以進來？

明倫：不可以！

浩偉：為什麼不可以？

明倫：這是我們的城堡，不是你的。

明倫：攻擊！碰！[拿積木敲擊浩偉的積木]

浩偉：（喊叫）喂！我等一下揍你喔！

正華：（低沉的聲調）王子現在關在地牢啦！哈哈哈哈！

浩偉：還沒有！

正華：誰說的！碰！[拿積木敲擊浩偉的積木]

浩偉：雷射砲！

明倫：碰！哈哈！[拿積木敲擊浩偉的積木]

正華：碰！哈哈！[拿積木敲擊浩偉的積木]

浩偉：（憤怒）我等一下把你們揍死喔！

浩偉：喂！你幹嘛不讓公主進來？

明倫：因為這是我們最重要的城堡。你要有我們的票才能進來。

浩偉：給你票！[伸出手]

明倫：那是普通票，以前的票。要現在的票。

浩偉：現在的票給你！[伸出手]

明倫：那是一百萬！

浩偉：一百萬給你！[伸出手]

明倫：好！進去！

註：引自陳淑敏（2002）。

　　以上是擷取自影片逐字稿之片段，在將近50分鐘的觀察紀錄中，目標幼兒一直坐在積木角組合積木，而且不斷地說話，時而自言自語、時而和同儕交談，若不留意他的話語，會以為他只是在進行建構遊戲。從一開始建構，目標幼兒即已發揮了他的想像力，將所要堆砌的積木結構想像成萬里長城，之後又加入現代化的戰爭情節（因為紀錄很長，這個部分未加以呈現），到了最後的10分鐘，又轉入童話故事中公主結婚的情節，將樂高積木組合的飛機想像為公主，而且以聲音的變化轉換角色，以女性溫柔高亢的聲音代表公主，以男性低沉粗糙的聲音轉換為旁白者，就像在演布袋戲。在將近50分鐘的觀察

 幼兒遊戲

紀錄中，目標幼兒利用手邊的積木，結合了建構遊戲和想像遊戲，除了扮演大部分男童經常扮演的戰爭情節，更加入大部分男童在建構積木之中不常扮演的公主結婚情節，同時自在地遊走於男性與女性兩個截然不同的角色，充分發揮他的想像力與創造力（如圖 4-4 所示）。

圖 4-4　從建構轉入象徵遊戲

　　筆者從教室觀察及訪談該班教師後發現，目標幼兒喜愛閱讀而且閱讀的書籍相當廣泛，這樣的知識背景使他能將中國歷史故事與西方童話故事加以融合並模擬，而展示在積木角看起來有點像人的飛機作品，則引發他將其想像為公主及其愛人；另外，與周遭同儕的互動又促使他發展出戰爭情節。由此可見，幼兒的實際生活經驗、教室裡的玩物、周遭同儕，以及幼兒本身的想像力與創造力，交互影響著目標幼兒的遊戲行為。遊戲是隨著時間而開展的活動，它有開始、也有進

展，若非持續觀察記錄，不可能欣賞到如此豐富的想像扮演，這是使用類別系統進行觀察所無法記錄得到的。

　　上述各個觀察記錄幼兒遊戲的方法各有其偏重及適用的範圍，觀察者不妨根據觀察的目的選擇適當的方法。觀察的目的若是要了解遊戲行為的發展或是了解某一群體的遊戲行為，使用量表觀察紀錄是比較合宜的選擇；若是要深入了解少數或個別幼兒的遊戲行為，使用情境架構觀察紀錄應該是比較適宜的選擇。

幼兒遊戲

第五章
玩物

　　玩物是幼兒在遊戲時所使用的任何物品，玩具則是真實或幻想物品的縮小品，它是由廠商所製造，供幼兒遊戲之用（Johnson et al., 1987）。Sutton-Smith（1986）認為，玩具是象徵性的符號（symbol），透過遊戲，清楚地傳達給幼兒某個意義。他又認為，玩具是工具（tool），利用它，幼兒可以自由地表達想像，並且得到社會情緒的發展。

 第一節　玩具的演進

　　玩物或玩具的使用往往受到社會、政治、經濟與文化環境的影響。在早期的漁獵和農業社會，兒童必須幫助父母維持生計或照顧弟妹，因此兒童並沒有很多時間可以遊戲，也沒有玩具可以遊戲。當時遊戲的對象主要是人而非物，遊戲中很少使用玩物，更沒有玩具可供使用。隨著君主制度的建立，王公貴族子弟成為有權有閒階級，為了提供王公貴族子弟遊戲之需，玩物或玩具的發明與製作應運而生。然而，這些玩具都是為年齡較大的兒童所設計。

　　一直到 17 世紀，玩具在一般人眼中仍然只是無啥價值的小東西。隨著人們對兒童觀點的改變，人們對遊戲的觀點也有不同。18 世紀

幼兒遊戲

英國哲學家John Locke首先提倡使用玩具在兒童教育上。他認為，遊戲與玩具的使用有助於兒童教育，並且主張利用天然的物質製作玩具，讓兒童透過玩具獲得最佳的學習；甚至製作了一套字母積木。不過，Locke之所以提倡使用玩具在兒童教育上，其主要目的是防止兒童到街頭嬉戲。在他看來，街頭嬉戲是粗魯而沒有教養的行為。從Locke的觀點而言，遊戲是兒童在家庭教師的督導之下使用玩具進行學習。受到Locke的影響，18世紀末期已有一系列的教育性玩具與遊戲被用來教導兒童地理、歷史、拼字與天文。

19世紀初，玩具市場開始國際化，而玩具的主要產地是在英國與德國。此外，在德國教育家的推動下，幼兒園逐漸設立。Fröbel認為，個體的心靈必須透過適宜的玩具才能開展，因此他為幼兒設計了一套玩具，就是所謂的「恩物」，以及配合這套玩具而進行的遊戲，就是所謂「神聖的工作」（divine occupations）。Fröbel並且將他所設計的玩具與遊戲使用在幼兒園的教學上。

20世紀初，Montessori也主張特定的玩具有其特定的教育功能，同時也為幼兒設計了一套玩具並訂定了該玩具的玩法。除了Montessori，其他的心理或教育學者（如Dewey）也不斷地談到玩具對幼兒發展的影響。不過，他們大都不強調哪些玩具具有哪些特定的功能。

因為專家學者們強調遊戲與玩具對幼兒發展的影響，玩具開始被大量製造。1950年代，玩具製造商開始透過傳播媒體（尤其是電視）大力促銷產品。因為電視上的玩具廣告傳達了好玩、刺激，以及同儕齊樂的訊息，所以頗能吸引幼兒的注意，並且刺激幼兒購買的慾望。很多幼兒禁不起電視廣告的一再誘惑，就不斷地央求父母購買。同伴

中只要有人購買，其餘的人必群起效尤，如此使得玩具更為風行。芭比娃娃（Barbie doll）就是第一個透過電視廣告促銷而廣為流行的玩具。電視廣告塑造芭比娃娃成為時尚的象徵，也讓小女孩透過幻想實現成為摩登少女的願望，因此深受女孩們的喜愛（Almqvist, 1994; Isenberg & Jalongo, 1993; Pellegrini, 1995; Sutton-Smith, 1986）。

近來，由於有線電視及衛星轉播的日益普及，玩具的廣告促銷已無遠弗屆。多年前日本發明的玩具寵物──「電子雞」，透過傳播媒體的大力報導，很快就在世界各地廣為流行。玩具一如時裝，其風行也成為世界性的事件。玩具的販賣也成為跨國性的企業，例如：美國的玩具反斗城（Toys"Я"Us）在很多國家都有連鎖店。

回顧臺灣物質匱乏的年代，兒童玩具的種類很少。大部分兒童在遊戲時所使用的玩物，有些是利用天然的素材，例如：在辦家家酒時以沙當米、以樹葉當蔬菜；有些則是自己製造的，例如：自製風箏。當時所流行的玩具大都是小學兒童在玩的，例如：跳繩、毽子、沙包、風箏、竹筷槍、彈珠等。至於處於幼兒園階段的兒童，由於缺乏自製玩具的能力，所以幾乎沒有玩具可以使用。

近三十多年來臺灣逐漸工業化，玩具製造也成為一項重要的工業。此外由於經濟的發展，國民生產毛額大為增加，消費能力也普遍提升，玩具購買的情形日益普遍。國人自製的玩具，在市場、商店及百貨公司處處可見，外國玩具在大都市的外商玩具連鎖店中也是琳瑯滿目。玩具儼然成為現代兒童生活中不可或缺的物品。

目前，臺灣已成為少子化的社會，已經結婚的年輕人基於經濟的考量大都只生育一、二個孩子，但年輕父母比較了解玩具對孩子發

展的重要性。另外，由於社會逐漸多元，有些年輕人開始投入玩具設計的行業，所以不只市面上販賣的玩具仍然不斷推陳出新，甚至還有教導兒童如何玩桌上遊戲的專賣店。不過，由於經濟不景氣，年輕父母的收入普遍不高，網路也出現了玩具租賃的商家，不但為父母省下購買玩具的費用，還可以讓兒童常常有新奇的玩具可玩。玩具在兒童生活中的重要性，似乎不受最近臺灣經濟情況不佳的影響。

 第二節　玩物的種類

　　幼兒能夠也經常以各種方法去使用玩物，因此將玩物加以分類並不具有實質的意義。然而，為了方便研究或讓成人了解玩物的功能而知道如何去幫助幼兒，很多學者還是將玩物加以分類，不過他們的分類方式各有不同。

　　Wolfgang 與 Phelps 將玩物分為三種類型：流體的（fluid）、結構性的（structured），以及象徵性的（symbolic）。流體的物質是可以任意改變外形的，例如：黏土、塗料；結構性的物質則是用來創造出其他的物品，例如：積木、拼圖；象徵性的物質則是使用在象徵遊戲中（引自 Frost, 1992）。這樣的分類方式，最大的缺點是它造成了種類的重疊，例如：有些使用在象徵遊戲的玩物，同時也可被分類為結構性的玩物。

　　Hewitt 與 Roomet 則將玩具分為四類（Van Hoorn et al., 1993）：

1. 感覺動作玩具（sensorimotor toys）：可以提供幼兒反覆玩弄或產生某種效果，例如：球、沙鈴、搖馬等。

2. 表徵玩具（representational toys）：狀似生活中的物品，例如：玩具動物、玩具車、玩具房子、玩具家具、玩具廚具、玩偶等。

3. 建構玩具（construction toys）：可以被操作並用以創造新物品的物品，例如：積木、樂高（Lego）等。

4. 騎乘玩具（locomotion toys）：例如：三輪車、腳踏車、玩具機車、滑板等。

這種分類方式最大的缺點是只就廠商所製造的玩具分類，而未將可供幼兒遊戲的天然素材或生活用品列入考慮。

另外，還有些學者以玩物設計的目的或玩物的功能，將其分為四類（Johnson et al., 1987）：

1. 教學玩物（instructional materials）：以培養讀、寫、算技巧，以及視覺、知覺分辨能力為目的，包括：拼圖、堆疊玩具、串線玩具（如圖 5-1 所示）、圖形玩物等。

2. 建構玩物（constructional materials）：用來建造出產品的物品，包括：積木、樂高等。

3. 玩具（toys）：真實或幻想物品的縮小複製品，包括：玩偶、玩具交通工具、扮家家酒的玩具等。

4. 真實玩物（real objects）：天然物品或日常生活用品，原本不是為遊戲而製造，例如：沙、水、黏土、食物、木頭等。

這樣的分類方式雖然包括了天然的和廠商所製造的遊戲素材，但

圖 5-1　串線玩具

是卻遺漏了某些種類的玩物，例如：運動玩具、騎乘玩具等。

　　玩物的分類要能考慮到類別不相重疊又能涵蓋所有玩物，實在非常困難。為了研究方便，筆者將玩物分為下列六類：

1. 動作遊戲玩物：玩物設計的主要目的在增進幼兒的大肌肉動作技巧，包括：抓握玩具、推拉玩具、騎乘玩具、球類等。

2. 操作與建構玩物：玩物設計的主要目的在增進幼兒的小肌肉動作技巧、手眼協調能力或認知能力，包括：積木、科學玩物、沙水用具等。

3. 象徵遊戲玩物：玩物設計的主要目的在激發幼兒運用想像的能力，包括：玩偶、填充玩具、角色扮演的玩物、玩具交通工具等。

4. 規則遊戲玩物（非電視遊樂器）：玩物設計的主要目的在增進幼兒的認知與社會能力，例如：棋類、撲克牌（如圖 5-2 所

示）等。

5. 音樂、美勞用品：玩物設計的主要目的在增進幼兒的創造力及對美的欣賞力。

6. 圖書、視聽用品：玩物設計的主要目的在增進幼兒的語文能力。

圖 5-2 規則遊戲玩物之一種：撲克牌

 ## 第三節　玩物與幼兒發展

從玩具開始被應用在幼兒教育後，玩具與幼兒發展的關係一直是父母與從事幼兒教育工作者極為關心的話題。父母與幼教教師比較關切的是玩具能否增進幼兒的學習與發展，而專家學者除了也關心這個主題之外，還關心玩具是否符合幼兒身心的發展。

　　玩物對幼兒發展的影響為何？1970 年代有關的研究，偏重在探討所謂的「教育性玩具」之教育性功能，結果並未發現教育性玩具比其他玩具更具有教育的功能。1980 年代的研究，主要是探討玩具是否能增進幼兒在自然科學、數學與空間概念的學習，結果顯示某些玩具確實比較能增進幼兒對這些概念的了解。另外還有研究發現，柔軟的玩具（soft toy）有助於學步兒安全感的建立。截至目前為止，探討玩物教育功能的研究並不多，所以我們並不能很肯定的說哪些玩物比較能增進哪些方面的發展。

　　教育或心理學者都指出，幼兒時期必須借助實物或影像學習，但是玩具的提供也要能配合幼兒身心的發展。在考慮玩具是否能配合幼兒的發展時，可以從下列幾方面加以考量（Bronson, 1995; Oppenheim, 1987; United States Consumer Product Safety Commission, 1985）：

1. 玩具的大小與其零件的多寡：玩具的大小會影響某些年齡幼兒拿取的容易度，此可以從重量、體積、長度、寬度等方面去考量。不同年齡的幼兒對玩具零件的數量有不同的喜好，年齡較小的幼兒以零件數量較少者為宜，年齡較長者可以選擇零件較多的玩具。

2. 材質：包括材質的軟硬，以及是否容易破碎或清洗。此外，玩具的顏色、是否會發出聲音或音樂、能否產生某種視覺效果，則會影響幼兒的喜好程度。

3. 真實性：不同年齡幼兒對玩具真實性的高低有不同的喜好。

4. 所需具備的認知能力：使用玩具所必須具備的知能。

5. 所需具備的大小肌肉動作技能：使用玩具所必須具備的大小

肌肉動作技巧及手眼協調能力。

依據上述五個向度及幼兒身心各方面的發展情形，以下將出生到6歲分為幾個時期，在各個時期能夠配合幼兒發展的玩物分別敘述如下（Bronson, 1995; Oppenheim, 1987; United States Consumer Product Safety Commission, 1985; Van Hoorn et al., 1993）。

一、從出生至 6 個月

（一）身心發展的主要特徵與興趣

剛出生的嬰兒之眼睛調焦能力尚未充分發展，3個月以下的嬰兒無法看清楚35公分以外的景物。不過，這時期聽覺的發展已相當良好，聽到聲音會有反應且能辨別聲音的方向。對會緩慢移動並且發出柔和聲音的物品比較感興趣。喜愛注視人的臉和聽人的聲音。開始探索自己的肢體。抓握能力逐漸發展，喜愛把抓到的物品送到嘴裡吸吮。

（二）配合與增進發展的玩物

在出生後的最初3個月，父母親就是嬰兒最佳的玩物。沒有一種玩具比父母的笑顏、柔和的聲音、柔軟的雙手更能吸引嬰兒的注意。除此之外，給予這個時期嬰兒的玩具以能緩慢移動並且發出柔和聲音，具有明亮的紅、黃、綠色彩，簡單的設計，清楚的線條及造形，或具有人的臉部特徵（尤其是眼睛）最為適宜。除了上述的特點，柔軟、有彈性、耐咬、耐洗也是應該具備的條件。布偶、填充玩具、抓

握玩具都很適合這個時期的嬰兒。能吸引嬰兒、幫助嬰兒認識自己的鏡子也是很適宜的玩物。因為 80%的時間，嬰兒的眼睛是看向右方，所以玩具放在右邊比較能引起其注意。玩具放置的距離最好是在 20 至 35 公分之間。

二、7 至 12 個月

（一）身心發展的主要特徵與興趣

這個時期的感知覺能力繼續發展，大、小肌肉的動作能力也在發展之中。嬰兒開始能獨自坐著，爾後能爬行、站立及行走。由於移動能力增加，他們開始喜歡去探索周遭的物品，並透過拿、丟、推、拉、壓、擦、戳、擰、咬、吸吮等動作去把玩物品。因為物體永存概念的發展，也開始會去尋找暫時消失的物品。

（二）配合與增進發展的玩物

給予這個時期嬰兒的玩具造形宜簡單、色彩宜明亮、材質以易於清洗為原則。除此之外，可以讓嬰兒透過各種動作去把玩而且易於操作的物品，也是應該考慮的條件。布偶、填充玩具、鏡子仍然適用於這個年齡的嬰兒。簡單的操作玩具（例如：套套杯）、造形簡單同時能發出聲音的推拉玩具及球等都很受喜愛。最好能提供多種物品讓嬰兒去操弄。除了市面上賣的玩具，家中的物品（例如：塑膠製的鍋、碗、瓢、盆）也是這個年齡嬰兒感興趣的玩物。

三、13 至 24 個月

（一）身心發展的主要特徵與興趣

　　大半嬰兒在 12 個月大的時候會走路，但走路的步伐仍然不很平穩，因此這個時期又稱為學步兒時期。學步兒喜愛推或拉著物品到處走，將物品堆高又推倒，或是將物品從容器中倒出又放入，作用於物品然後看看所產生的結果。學步兒能夠了解常見物品的功能關係（例如：湯匙和碗）。在 19 至 24 個月之間，學步兒的象徵能力開始發展。

（二）配合與增進發展的玩物

　　給予這個時期學步兒的玩物以能增進大肌肉動作技巧為主，例如：推拉玩具、騎乘玩具（搖馬，如圖 5-3 所示）、球等都很適宜。騎乘玩具在 18 個月大的時候再提供比較適宜。能增進感覺能力發展的玩物也很適宜，例如：能發出聲響的玩具（如圖 5-4 所示）、填充動物玩具、玩偶、鈴鐺、CD、簡單的圖畫書（布、塑膠、厚紙板製的）等。能讓學步兒去試驗並看到結果之簡單的操作玩具也很適宜。建構玩具（如積木）也很適宜，但積木以小而輕的（5 至 10 公分）為宜，數量不必多，一名學步兒只要 20 至 30 塊即可，因為學步兒只是堆疊而已，並不會排出複雜的造形。拼圖以 2 至 3 塊為宜，18 個月大以後可以增加到 3 至 5 塊。用來玩水的玩物也很受喜愛，例如：

 幼兒遊戲

圖 5-3　搖馬

圖 5-4　這隻玩具狗，會重複他人話語，還會隨著聲源移動，頗得正在學說話的學步兒之喜愛

玩具鴨子、船、杯子、桶子。用在象徵遊戲之玩具，例如：玩具電話、杯、盤等也很適宜。美勞用具的蠟筆可以提供幼兒塗鴉的機會。除了市面上賣的玩具，家中的廚房物品（例如：塑膠製的鍋、碗、瓢、盆、空盒子、空罐子）也是學步兒感興趣的玩物。造形簡單、重量較輕的玩偶、填充玩具仍然適宜。

四、25 至 36 個月

（一）身心發展的主要特徵與興趣

這時期的幼兒走路已很平穩，喜愛嘗試去做各種動作，例如：跑、跳、滾、爬。開始有打鬧遊戲行為。對物品的形狀、大小、顏色、質地感興趣。能做簡單的配對、排序、計數、造形活動。會去思考如何解決問題，而不只是盲目地嘗試錯誤。能使用簡單的語句表達自己的需要和感覺。比前一個時期較常進行幻想遊戲，遊戲的內容也比以前複雜。喜愛模仿父母的角色。開始喜愛和其他幼兒互動。愛聽簡單的故事。喜愛玩沙和水。喜愛獨立做事而不要他人幫忙（例如：穿脫衣服）。開始喜愛美勞活動。

（二）配合與增進發展的玩物

可提供幼兒能增進大肌肉動作技巧的推拉玩具（例如：嬰兒車、幼兒乘坐而由他人推動的三輪車，如圖 5-5 所示）、球（以直徑約 10 至 12 英吋為宜）、幼兒自行踩踏移動的小三輪車（30 個月大的時候再提供，如圖 5-6 所示）。

 **幼兒遊戲**

圖 5-5　幼兒乘坐而由他人推動的四輪車，較適合 2 歲半以下的幼兒

圖 5-6　幼兒自行踩踏移動的小三輪車，較適合 2 歲半以上的幼兒

可以讓幼兒鑽進、爬出的空紙箱也很受喜愛。能夠排出人、動物、幾何造形的玩具，以及可以進行配對、排序、計數活動的玩物都很適宜。可以開始提供單位積木進行建構遊戲，每位幼兒以 50 至 60 塊為宜。簡單的木製或塑膠拼圖也很適宜，30 個月以下的幼兒以 4 至 5 塊為宜，30 個月以上的幼兒以 6 至 12 塊為宜。造形簡單、重量較輕的玩偶、填充玩具仍然很適宜這個時期的幼兒。用來進行角色扮演的玩具以真實性比較高的為宜，例如：玩具碗、玩具杯子。鏡子也可用在角色扮演。造形簡單的玩具車輛也很受喜愛。玩沙的用具（例如：桶子、鏟子、篩子）、玩水的用具（例如：大、小容器或船）也很適宜。練習穿、脫衣服或扣釦子的玩偶或玩具可以增進生活自理能力。圖畫書、立體書或可以操作的書籍（洞洞書）也深受喜愛。美勞用品，例如：紙、蠟筆、黏土、手指畫、安全剪刀，可以滿足幼兒隨意塗鴉與創作之需。簡單的節奏樂器，例如：鼓、鈴鼓、沙鈴、三角鐵也很適宜。

五、3 至 6 歲

（一）身心發展的主要特徵與興趣

這時期幼兒的大肌肉動作技巧已有相當的發展，而小肌肉動作技巧也在發展之中。5 歲左右幼兒已能很平穩地跑、跳、爬，大肌肉動作技巧已發展得很好。能比較有目的、有計畫地進行活動。對簡單的數數、計量、分類、配對活動感興趣。喜愛進行比較顏色、形狀、聲

音、氣味、味道、重量的活動。在這段期間，幼兒進行象徵遊戲與建構遊戲的時間逐漸增加。到 5 歲時，象徵遊戲達到高峰。喜愛和同儕互動，也比較能和同儕合作。不能接受失敗，因此無法進行競爭性的遊戲。遊戲的專注力佳又能輪流，因此能進行規則遊戲；由於尚未能進行心理運思，所提供的規則遊戲以不需要運用心理策略而靠機率計算勝負者為宜，但是不宜過於強調輸贏。能從閱讀或聽故事之中得到樂趣，開始對文字感興趣。喜愛美勞創作活動。喜愛唱歌跳舞。

（二）配合與增進發展的玩物

　　這是一個人一生當中使用玩具最多的時期，這個時期的幼兒不但使用玩具的次數最多，其種類也最多。提供大肌肉活動的推拉玩具（玩具嬰兒車、吸塵器、除草機）、球、騎乘玩具（三或四輪車）仍然適宜這個年齡的幼兒。可以增進小肌肉動作技巧的活動，例如：串串珠、編織（5 歲開始）也很適宜。可以提供進行命名、分類、配對、排序、計數、測量、實驗活動的玩物。喜愛利用各種形狀、顏色、材質的板塊拼湊成各種圖形。喜愛利用積木進行建構遊戲、象徵遊戲或戲劇遊戲。提供給這個年齡幼兒的積木數量宜多，最好每位幼兒有 80 至 100 塊；種類也要多，包括各種形狀和材質。喜愛拼圖，可以提供各種材質的拼圖（硬紙板、木製、塑膠製），數量可以增加到 12 至 50 塊，但應視個別能力而定。沒有競爭性、改良式的簡單規則遊戲也很適宜，例如：撲克牌、賓果遊戲。可以開始提供簡單的電腦遊戲及科學的玩物，例如：磁鐵、放大鏡、三稜鏡、溫度計、羅盤、尺、聽診器、手電筒、岩石貝殼、水族箱。喜愛玩沙、玩水，有

關杯子、桶子、篩子、鏟子、管子等，各種可以用來玩沙玩水的工具都很適宜這個年齡的幼兒（如圖 5-7 所示）。這個時期的幼兒，既能使用比較真實的玩物，也能使用比較不真實的玩物進行角色扮演，例如：利用大積木和大紙箱搭建房子，利用父母親的衣物鞋帽進行角色扮演，或者使用玩具爐子、流理臺、梳妝臺等進行角色扮演。成人不要的衣物鞋帽或日常生活用品、市售的玩具廚房用具，都可以是象徵遊戲中很好的道具。玩偶、填充玩具仍然受到這個年齡幼兒的喜愛，它也可以用作象徵遊戲的道具。真實性較高、配件較多的玩偶深受女孩的喜愛，真實性較高的玩具槍則深受男孩的喜愛。鏡子也可用於象徵遊戲中。手偶、指偶等各種偶類可以用來演出故事或進行角色扮

圖 5-7　可用來玩沙、水或豆子的檯子

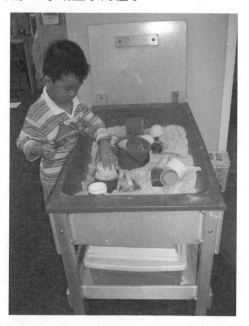

幼兒遊戲

演。這個年齡的幼兒非常喜愛交通工具玩具，常常利用它們進行象徵遊戲。喜愛翻閱圖書，與幼兒生活經驗相關的故事、動物故事、童話故事、押韻的詞句、笑話、大自然的故事都很適宜。各種美勞用品，例如：蠟筆、彩色筆、水彩筆、畫板、各種紙張、安全剪刀、膠水、黏土、顏料等也很適宜。錄有各種樂器聲音的 CD、富有節奏的音樂、兒歌、童謠 CD 也很適宜。打擊樂器可以增加響板、木琴等。

　　以上簡單介紹各年齡層大多數幼兒身心發展的情形，並據此探討適合該年齡幼兒且又能增進其發展的玩物。成人在提供幼兒玩物時，若能考慮幼兒身心各方面之發展，尤其是需要花錢購買的玩物，則可同時收到較大的經濟效益。值得注意的是，發展有其個別差異存在，所以年齡只是一個參考值。在提供幼兒玩物時，宜斟酌其實際發展情形，再做合宜的選擇。

　　除了能夠配合幼兒的發展之外，能增進認知發展的玩物通常還有以下幾項共同的特徵。

一、能讓不同年齡幼兒以不同的方法去玩

　　有些玩具並不會因幼兒年齡的增長而有不適用的情形，積木就是很好的例子。2 歲的學步兒從積木堆高、倒下的反覆操作中獲得快樂。3 至 7 歲的幼兒，因著發展程度之不同，可以利用積木建構出不同複雜度的物品，或用它作為戲劇遊戲中的道具（Johnson et al., 1987）。

二、能提供幼兒多種玩法

只具備單一玩法的玩具並不能增進幼兒的認知能力與想像力之發展，例如：遙控汽車、電動機器人。這類玩具不能讓幼兒依照自己的想法變化玩法，因此無法讓幼兒發展抽象概念和想像能力。蠟筆和空白的紙張就比已經畫好圖形的著色簿能有較多的玩法，且較能讓幼兒發揮想像力和創造力（Johnson et al., 1987）。

三、結構性低

結構性是指玩具或玩物與其所象徵的物品之相似程度，因此結構性高的玩具其真實性也比較高。2 歲和 3 歲的幼兒，需要結構性較高的玩具進行遊戲，例如：塑膠鐵鎚、玩具碗。4 至 8 歲兒童的表徵能力較為發達，比較能使用非結構性的玩物，例如：以積木、沙、水、橡皮筋進行遊戲（如圖 5-8 所示），這些玩物也比較會刺激兒童去探索、實驗和創造。研究發現，使用低結構性玩物進行遊戲的幼兒，比使用高結構性玩物進行遊戲的幼兒，能表現較多創意的玩法和豐富的遊戲內容（Pepler, 1991）。

四、複雜性低

精密或複雜的玩具需要高度的製造技術，例如：電動槍，幼兒並

圖 5-8　橡皮筋有多種玩法，圖中幼兒利用它建構幾何圖形

無法從操作之中了解電動槍如何會發出光和聲響。精密玩具的玩法通常也比較固定，幼兒無法依照自己的意思改變玩具的玩法。所以這類玩具比較不能增進幼兒的發展（Johnson et al., 1987）。

 第四節　玩物與遊戲行為

　　有些玩物本身會給予幼兒某些線索，暗示該玩物的玩法，導致幼兒產生不同種類的遊戲行為，例如：樂高或積木暗示幼兒進行建構遊戲；洋娃娃或動物布偶暗示幼兒進行戲劇遊戲；棋子與棋盤則是暗示幼兒進行規則遊戲（Van Hoorn et al., 1993）。

　　玩物本身也會影響幼兒遊戲行為之層次。有些玩物比較可能誘發幼兒進行單獨或平行遊戲，有些則比較可能誘發團體遊戲。玩偶、玩具車、玩具廚具、裝扮的衣物，比較常誘發高層次的團體遊戲行為；

黏土、教學材料（拼圖、串珠）及美勞建構材料（剪刀、顏料、蠟筆），則較常誘發單獨或平行遊戲。

玩物呈現的方式也會影響幼兒的遊戲行為。當拼圖塊和拼圖板放在一起時，通常會引發幼兒進行單獨或平行的建構遊戲，但是只有拼圖塊而無拼圖板時，可能會引發建構及戲劇遊戲（Rubin & Howe, 1985）。

玩物的結構也會影響遊戲行為。高結構的玩物，例如：非常真實的洋娃娃和特定人物的服飾會引發特定主題的戲劇扮演，而中度結構的布娃娃或服飾則能引發多變化或創造性的假裝遊戲。玩具結構與遊戲行為的關係，還會因幼兒的年齡而有不同。高結構的真實洋娃娃及相關的道具（玩具房子、家具），比較能引發 3 歲以下幼兒的假裝遊戲行為（Jeffree & McConkey, 1976）。真實性與結構性較低的玩物則比較能引發年齡較大的幼兒之假裝遊戲行為，因為他們的表徵能力較佳（Eisiedler, 1985; Phillips, 1945; Rubin & Howe, 1985）。不過，Pulaski（1973）發現，對 5 歲、6 歲與 7 歲的兒童而言，玩具結構的高低似乎並不影響其假裝遊戲行為。她認為，那是因為這些年齡的兒童之幻想能力已經有了相當程度的發展，所以不管玩具的結構為何，都能引發他們的假裝遊戲行為。

第五節　玩具選擇與遊戲安全

一、玩具選擇

面對著商店裡琳瑯滿目的玩具、電視上五花八門的玩具廣告，還有孩子的不斷哀求，在家中經濟考量或園方經費有限的情況下，父母或教師應如何幫助幼兒選擇玩具？以下幾點可作為參考。

（一）給予幼兒限制

電視的玩具廣告會影響幼兒的玩具選擇及遊戲行為，因此父母應限制觀賞電視的時間，以減少幼兒被電視廣告所誘惑。此外，應限制幼兒購買電視廣告的玩具數量。電視廣告的玩具不斷推陳出新，易養成幼兒喜新厭舊的心態。事實上，大多數的這類玩具除了新奇之外，也缺乏一玩再玩的價值。

（二）勿以玩具作為賄賂或心理的補償

勿因為忙碌無暇陪伴孩子，而以購買玩具給孩子作為自己心理的補償。無論如何，父母每天最好能撥出一段時間和孩子遊戲，如此不但能增進親子間的感情，也有助於孩子各方面的發展。

（三）考慮幼兒的興趣、年齡及發展情形

幼兒感興趣的玩具，他才會去使用。不同的年齡有不同的需求，選擇玩具應考慮幼兒身心的發展。不過，發展的快慢有個別差異，所以年齡只是一個參考值，應視幼兒的發展情形做適當的選擇。

（四）考慮玩具的可玩性

有些玩具外表精美，但不具有遊戲的價值，這種玩具或許比較適合作為裝飾。有些玩具的可玩性不高，只是因為廣告的促銷而大為流行。流行的熱潮一過，孩子對它就不再感興趣，這時玩具就變成了垃圾。

（五）考慮玩具的多樣化

玩具會暗示幼兒如何玩法，不同種類的玩具可能引發不同的遊戲行為。提供各種不同的玩具，能讓幼兒鍛鍊肌肉、培養思考，以及發揮想像。

（六）鼓勵幼兒變化玩法

鼓勵幼兒以不同的方法去玩玩具，既可以減輕父母或園方購買玩具的負擔，又可以刺激幼兒去思考創造。事實上，那些讓孩子想一玩再玩的東西，不一定是花錢買來的玩具。所以玩物也不一定要買現成的，可以自己製作，也可以取用日常生活中的素材。購買之前，不妨先想想家中或園裡是否有可以代用的東西。

（七）鼓勵幼兒交換玩具

幼兒園不妨定期舉辦舊玩具交換的活動，讓幼兒把自己玩膩的玩具和別人交換。或是把孩子玩膩的玩具暫時收藏起來，隔一段時間再拿出來，此時可以再度喚回其新鮮感。

（八）考慮玩具的安全性

不安全的玩具容易造成幼兒身心傷害，嚴重者甚至可能危及生命安全，因此安全性是選購玩具時最重要的考量。

二、玩具的安全性

每年都有一些幼兒因為玩具的製作不當而遭到意外傷害。在所有的玩具傷害中，以被玩具割傷或打傷、被玩具絆倒或從玩具（例如：木馬）上面跌落下來而受傷的情形最多；其次是吞食小玩具或玩具的零件而窒息，或將小玩具或玩具零件塞入鼻子或耳朵而受到傷害。因玩具傷害而送醫急救者，則以從騎乘玩具跌落者最多；其次是玩具武器所造成的傷害（例如：玩具槍、玩具弓、箭、彈弓、工具箱、模型汽車、模型飛機）（Oppenheim, 1987）。

為預防玩具傷害之發生，在選擇玩具的時候首先應考慮其安全性。除了注意玩具是否有「ST 安全玩具」標誌或經濟部標準檢驗局核發之「合格標識」之外，還應注意以下幾點（財團法人臺灣玩具暨兒童用品研發中心，2012；經濟部標準檢驗局，2011；Bronson, 1995;

Oppenheim, 1987; Uninted States Consumer Product Safety Commission, 1985）：

1. 玩具不應含有毒的物質：塑膠玩具中所含鄰苯二甲酸酯類塑化劑（plasticizer）及其混合物含量總和不得超過 0.1%（重量比）。金屬玩具含鉛（< 90 ppm）、鎘（< 75 ppm）、鋇（< 1000 ppm）、鉻（< 60 ppm）、汞（< 60ppm）、銻（< 60ppm）、砷（< 25 ppm）、硒（< 500 ppm）等有害重金屬的量應低於括弧中之數字。

2. 顏色鮮艷的玩具應注意表面的塗料是否經過重金屬含量之檢驗合格（含量限制如前述），以及塗料是否易脫落。

3. 玩具或其配件之大小（例如：玩偶的眼睛、鼻子、釦子和小車輪等），若小於 50 元硬幣，應避免 3 歲以下幼兒使用。

4. 注意玩具是否有裂縫會夾住頭髮、皮膚或手指。

5. 注意玩具是否有尖角利邊會割傷或刺傷皮膚或眼睛。

6. 玩具若附有繩索，長度不得超過 20 公分，以免纏繞脖子發生危險。

7. 填充玩具，要注意是否容易破裂，避免因玩具破裂，其填充物被幼兒吞食。

8. 長毛玩偶，應注意是否會掉毛，避免幼兒吸入而發生意外。

9. 電動的玩具要謹防漏電而被灼傷，並要了解幼兒是否有操控玩具的能力。

10. 騎乘玩具，要注意重心是否太高、衝力是否太大、玩具本身是否足夠堅固。

幼兒遊戲

11. 有輪玩具和電子電動玩具，應注意小間隙是否太大，避免幼
兒的手指可以伸入而造成傷害。

三、玩具使用的安全性

為避免幼兒因玩玩具而發生意外傷害，除了應注意玩具本身的安
全性之外，還要注意玩具的使用是否得當。以下提供一些原則作為參
考（消費者文教基金會，1993；財團法人臺灣玩具暨兒童用品研發中
心，2012；經濟部標準檢驗局，2011；Johnson et al., 1987; Oppen-
heim, 1987）：

1. 使用玩具之前仔細閱讀包裝上的標籤和說明，並將這些訊息
和幼兒分享。

2. 小心處理拆掉的塑膠包裝袋，拆開後應即丟棄、銷毀或打孔，
以免幼兒套入頭部發生窒息危險。

3. 監督幼兒遊戲，了解幼兒是否以適當的方法使用玩具。

4. 玩具玩完應收拾妥當，以免幼兒被散落地上的玩具絆倒。給
年齡較大幼兒玩的玩具，要收藏在年齡較小幼兒拿不到的地
方。

5. 有輪的玩具，應避免在濕滑的地板上、近樓梯處或桌角旁玩。

6. 啃咬性的玩具應保持清潔衛生。

7. 在水中用的吹氣玩具應檢查是否會漏氣。

8. 玩具材質若屬易燃的質料（例如：塑膠、泡棉、充了氫氣的
氣球等），應遠離熱源和嚴禁煙火。

9. 注意玩具的電池部分有無正負極標示，並應避免混用不同廠牌、材質的電池，才不致因過熱發燙引發危險。

10. 時常檢查玩具組裝零件是否牢固及其小物件（例如：磁鐵、鈕扣等）是否易鬆脫，以防兒童誤吞；有破損之玩具應立即丟棄，避免孩童受傷或誤食碎片、零件。

 幼兒遊戲

第六章
具有爭議性的遊戲與玩具

 第一節 電視、玩具與遊戲行為

　　已經過了早上入園的時間，鈞鈞才睡眼惺忪的走進教室。鈞鈞手上提著裝在塑膠袋裡的早餐，邊走還邊打呵欠。

　　這時，大多數的小朋友都在忙碌地進行各自的活動。鈞鈞似乎胃口不佳，只吃了幾口早餐就把剩下的放到小背包中。接下來的時間，鈞鈞斜坐在自己的座位上，兩眼空洞地看著其他小朋友。王老師見狀，走向鈞鈞，問他說：「你昨天晚上是不是很晚睡覺？」鈞鈞回答：「對啊！」老師又問：「那你昨晚做些什麼呢？」鈞鈞說：「和爸爸媽媽一起看電視影集。」

　　電視的發明改變了人們日常生活的方式。在電視發明之前，成人在日常工作之餘的主要活動是談天說笑，而兒童主要的活動則是追逐嬉戲。自從電視日益普及之後，看電視已成為現代人最主要的娛樂，不論成人或兒童花在看電視的時間都相當多，以往兒童遊戲的時間已大部分被看電視所取代。根據 1983 年美國的尼爾森調查報告顯示，2 至 5 歲幼兒平均每週看電視的時間約為 27.9 小時，而其他的調查則

顯示了更高的數字，連最保守的估計都顯示看電視占了學齡前幼兒清醒時間的三分之一（Winn, 1977）。全世界的人每天花在看電視的時間合計是 3 億 5 千萬小時。

　　現在的臺灣，電視可說是非常普及，不只是家家戶戶都有電視，甚至有些家庭還有兩臺或多臺電視。有線電視合法化之後，人們觀看電視的選擇增加，觀看電視的時間也隨之增長。近年來，臺灣近視人口的比率高居世界之冠，此和大多數人長時間觀看電視或許有相當大的關係。最近，手機流行，手機的普遍幾乎到了人手一機，甚至多機的地步。手機不只有過去的電話功能，還可以上網和朋友閒聊、搜尋各種訊息，以及觀看影片，儼然成為人們生活當中最重要的「伴侶」。我們常常可以看到的景象是：全家一起用餐，但家人間沒有交談，因為人人都在低頭划手機，甚至在路上行走、騎車或開車也都在使用手機。不久前，網路新聞報導，英國有名剛剛當了父親的年輕男子，不知如何處理兒子的哭鬧，偶然出示手機，嬰兒立刻停止哭泣，以後每當兒子哭泣，父親就用手機所播送的聲光來安撫他。電視和手機除了對人們的視力造成危害之外，觀看電視和手機也改變了兒童對玩具的選擇和遊戲的方式。

　　因為人們花大量的時間看電視，電視廣告就成為玩具促銷的主要媒介。在沒有電視的時代，玩具的促銷主要是透過商店的展示、報紙廣告或商品目錄。從 1940 年代末期開始，電視逐漸成為玩具促銷的主要媒介。近年來，玩具不只是透過電視廣告促銷，甚至透過電視節目促銷。玩具商利用電視影片塑造英雄人物，進而促銷玩具，蝙蝠俠就是一個很好的例子。因此，有人批評今日 30 分鐘的電視節目只不

過是 30 分鐘的商業廣告。

　　看電視除了占據幼兒遊戲的時間，還會影響幼兒對玩具的選擇，從滿街充斥的電視廣告玩具就可以看到電視對幼兒玩具選擇的影響。根據美國的調查研究發現，1992 年全國人民花費在玩具和規則遊戲（game）的金額有 1 千 7 百萬美元，其中大部分的金錢是花費在購買電視所廣告的玩具或動作片中的主角人物之複製玩具（例如：蝙蝠俠），而教育性玩具的花費只占其中的 5%不到。而加拿大的研究發現，2 至 9 歲男孩特別喜愛電視強力促銷的節目（例如：蝙蝠俠、忍者龜），而這類的玩具也就最為暢銷。在荷蘭的研究也發現，兒童所選擇的玩具與他們所喜愛的電視節目有關（Oppenheim, 1987; Pellegrini, 1995）。筆者的學生所做的調查也發現，電視廣告的玩具經常是最暢銷的玩具。先前由於日本卡通「口袋怪獸」在臺灣播放，該節目中的主角皮卡丘廣受兒童的喜愛；到處都可看到皮卡丘，小至皮卡丘的貼紙，大至皮卡丘的玩偶，很多兒童爭相購買，他們都以擁有皮卡丘為榮。Cross（1997）認為，不斷推陳出新的廣告玩具訴諸人們愛好新奇與滿足立即快樂的心理，因此比較能吸引兒童的注意力；相較之下，不隨著時尚潮流變化的教育性玩具就較難吸引兒童的注意力。

　　電視的玩具廣告不僅會影響兒童的玩具選擇，而且也會影響兒童玩玩具的行為。有研究發現，經常看電視會降低兒童在遊戲時的創造與想像能力。另有研究發現，經常觀看電視的兒童，遊戲時經常會扮演電視節目中的人物角色並模仿其動作，扮演的主題也與電視節目內容相仿。在挪威所做的研究發現，經常觀看有玩具廣告之電視節目的幼兒比未觀看這類節目的幼兒，較常要求父母購買電視廣告的玩具，

並且有較多刻板的性別角色遊戲行為（Oppenheim, 1987; Pellegrini, 1995）。幾年前，網路新聞報導，英國的研究發現經常觀看「海綿寶寶」節目的兒童智商較低，研究者認為該節目的畫面轉換太快，兒童大腦根本來不及處理每個畫面的訊息，雖然耗費時間觀看該節目，兒童卻少有收穫，這可能是經常觀看該節目的兒童智商較低的原因。

總之，觀看電視和手機的時間太長相對地減少了幼兒遊戲的時間，如此不僅影響幼兒的視力，也影響幼兒的心智發展。在看電視時，幼兒的心智活動處於被動的狀態，而在遊戲中，幼兒的心智活動是主動的。此外，電視也會影響幼兒對玩具的選擇和遊戲的內容。因此，父母和教師應該對幼兒觀看電視的時間加以限制，對觀看的節目加以選擇，而手機的銀幕太小影響幼兒的視力甚鉅，更應嚴禁幼兒使用。

 第二節 **戰爭遊戲與戰爭玩具**

戰爭玩具（war toys）是指玩具刀、槍、劍等用以進行象徵性打鬥遊戲的玩具。早在 1960 年代，瑞典就已經對戰爭玩具採取了若干行動；但是直到 1970 年代，世界各國對它才有比較廣泛的爭論。1976年在華沙舉行的歐洲青年會議中，強力譴責軍事主義並且要求各國禁止販賣戰爭玩具。之後，北歐各國和加拿大的國會都陸續對是否立法禁止戰爭玩具進行辯論（Thelin, 1986）。由此可見，很多人對戰爭玩具持有相當負面的看法。

　　戰爭玩具對幼兒的影響為何？是否應該提供戰爭玩具或容許幼兒進行戰爭遊戲？專家學者的看法相當紛歧，有關的研究結果也不一致。在幼兒遊戲與玩具研究方面的知名學者 Sutton-Smith（1988），曾經對所有有關的研究做過非常詳盡的整理與分析。Sutton-Smith 將這方面的研究分為兩類：其中某些研究顯示戰爭玩具對幼兒的攻擊性沒有影響，其他研究則顯示戰爭玩具對攻擊性具有某些影響。以下摘錄其主要觀點，並引用其他學者的觀點做為對照和比較。

一、戰爭玩具不會影響攻擊行為之發生

　　Wright 以 4 歲男孩為對象進行研究，研究中所有的幼兒共分為六組，其中三組每人有一支玩具槍、頭盔和子彈袋，另外三組的每位幼兒都有一個工具袋，內裝玩具鎚子、螺絲起子、手電筒、螺絲鉗和夾鉗。在另一段遊戲時間，則將前三組幼兒的玩具與後三組調換。結果顯示，前三組幼兒與後三組幼兒所出現之攻擊行為的量並無顯著差異，但是在玩具被收回之後，這些幼兒的攻擊行為都比之前為多，而且所有的幼兒都比較偏愛戰爭玩具。

　　Sutton-Smith 認為，在擁有戰爭玩具或工具玩具時，幼兒的攻擊行為之所以未出現顯著差異，很可能是當時情境上的一些限制，例如：幼兒被告知可以活動的範圍，以及教師帶他們到實驗室後在門外等候。因為幼兒知道教師就在附近，而且教師一向限制幼兒的攻擊行為，一些當時可能引發攻擊行為的因素也許就因此被壓抑下來。Sutton-Smith 認為，幼兒對情境相當敏感，他們的道德行為受到他們知

覺到的社會情境所影響。在美國社會中，教師的主要功能是限制幼兒的攻擊行為。當有教師在附近時，即使提供誘因，幼兒還是不太可能出現攻擊行為。此外，這個研究只選擇男孩為研究對象，可能是因大家都知道女孩並不會受戰爭玩具的影響。

　　Wolff 選取了六位具有不同攻擊性的 5 歲幼兒，觀察在給予他們攻擊性玩具（例如：槍、拳擊手套）或中性玩具（例如：拼圖、布偶）一段時間之後，他們的攻擊行為出現之頻率。結果發現：幼兒在接觸攻擊性玩具一段時間後，攻擊行為並未增加，倒是在實驗處理的階段，攻擊性最強的兩位幼兒在接觸攻擊性玩具時，其攻擊行為增多。和以往研究相同的是，參與此研究的兩位女孩，無論在實驗情境或回到教室之後，攻擊行為都未較實驗前增加。Sutton-Smith 認為，會得到這樣的研究結果，是因為實驗情境容許攻擊行為的發生，而教室情境並不容許。

　　Etaugh 與 Happach 選取了六位 2 歲幼兒，在實驗情境中鼓勵他們去擊打沙袋；另外選取六位幼兒鼓勵他們去畫黑板，然後觀察這兩組幼兒實驗之後回到教室的行為。結果發現：這兩組幼兒攻擊行為的量並沒有顯著差異。Sutton-Smith 認為，會得到這樣的研究結果，也是因為實驗情境與教室情境對攻擊行為的容許度有所不同。

二、戰爭玩具對攻擊行為有些影響

　　Feshbach 以三十位男孩和三十一位女孩為對象進行研究，這些兒童的年齡都在 5 至 8 歲之間。實驗組的兒童在聽了有關印第安人、牛

仔、士兵和海盜的故事之後，利用和故事內容有關的玩具進行遊戲。控制組的兒童在聽完有關火車、馬戲團、農莊和商店的故事之後，也利用和故事內容有關的玩具進行遊戲。實驗期間並沒有教師在附近。嚴格地說，這個研究比較是探討故事內容對兒童攻擊行為的影響，而不是探討玩具對這類行為的影響。結果發現：實驗組的兒童在實驗期間出現較多的攻擊行為。Sutton-Smith 認為這也是情境使然，當情境縱容兒童的攻擊行為時，兒童就比較可能出現攻擊行為。

Berkowitz 整理有關的文獻時，發現在某一個研究中，實驗期間玩過槍的兒童比沒有玩過槍的兒童，較會去推倒同伴的積木。Berkowitz 認為，那是因為先前玩過玩具槍降低了兒童攻擊性（aggression）的門檻。Sutton-Smith 則認為，推倒同伴的積木是積木遊戲中常有的行為，所以 Berkowitz 說的應該是玩玩具槍降低了兒童的攻擊性遊戲（aggresive play），而非攻擊性的門檻。攻擊性遊戲與攻擊性並不相同，而幼兒也能區別其間的差異。

Sutton-Smith 指出，以上這些研究先是觀察兒童在有戰爭玩具時的遊戲行為，然後觀察在相同的遊戲情境但無戰爭玩具時，兒童攻擊行為發生的頻率，因此認為，這些研究先是提供兒童玩具槍然後允許他們去玩槍，已經暗示了成人容許這種行為的發生。事實上，已有一些研究顯示，和比較縱容孩子的成人在一起一段時間之後，兒童變得比較會去攻擊玩具，不管所提供的玩具是玩偶或是玩具槍。因此，若是沒有控制「成人的態度」這個因素，這些研究結果很難斷定是否是由戰爭玩具所造成的。

Mendoza比較「暴力玩具」（例如：槍、坦克車、士兵）和「非

暴力玩具」（例如：火車、茶具、玩偶）對兒童攻擊行為的影響。攻擊行為包括：打人、咬人、踢人、罵人、威脅和假裝自殺或殺人。結果發現：在實驗期間玩暴力玩具的兒童比玩非暴力玩具的兒童有較多的攻擊行為，但是在後續的活動中，這兩組兒童並沒有顯著差異。此外，男孩和女孩在攻擊行為上並沒有顯著差異。Sutton-Smith 認為，Mendoza 並未將會傷害別人的攻擊行為（打人、咬人、踢人）、不會傷害別人的攻擊行為（罵人和威脅別人），以及純粹是好玩的攻擊行為（假裝自殺或殺人）加以區分。事實上，4 至 8 歲之間的兒童已經能區別哪些是攻擊的遊戲行為，哪些是會傷害別人的攻擊行為。對他們而言，前者是好玩的、有趣的，而後者則是令人痛恨的。

　　Potts、Huston 與 Wright 研究暴力節目對男孩的注意力和社會行為的影響。雖然這個研究主要是探討電視的影響，但是在看完電視之後，實驗者讓一組兒童玩一段時間的利社會玩具（prosocial toys），另一組兒童則玩攻擊玩具，以比較電視或玩具的影響。結果發現：電視的影響極小，而玩具卻引發了與其特徵相似的行為。利社會玩具引發了利社會行為，戰爭玩具則引發了攻擊性遊戲行為。Sutton-Smith 認為，雖然這個研究顯示了情境的影響大於電視的影響，但是實際上戰爭玩具所引發的是攻擊性遊戲行為，它是一種幻想的攻擊、想像的遊戲，而不是真正的攻擊。況且在這個研究中所謂的人際攻擊，不僅包括真正的攻擊，還包括威脅和貶損他人，這兩種行為有時可能只是打鬧的遊戲，而不是真正的攻擊行為；因此，戰爭玩具所引發的可能不是真正的攻擊行為。Sutton-Smith 又指出，研究者常常忽視的一點是，男孩在遊戲的情境中本來就比較容易出現打鬧的行為，雖然這些

行為並不是故意要傷害對方，但是在打鬧之中意外難免發生，例如：踩到或打到別人。像這種情形就要從之後他們是否和解，並且仍然在一起遊戲來判斷。

　　Turner 與 Goldsmith 研究玩具槍和飛機對兒童反社會行為的影響。美國國家電視暴力聯盟主席 Radecki 認為，這個研究對暴力玩具與暴力行為的關係做了最詳盡的分析。第一個研究中的十位兒童有七位男孩、三位女孩，第二個研究則都是男孩。他們假定戰爭玩具是男孩的玩具，男孩比女孩會去玩戰爭玩具而因此產生攻擊行為。Sutton-Smith 認為，女孩不會像男孩一樣對戰爭玩具產生相同的反應，可見這類玩具並不會自動地引發所有孩子的相同反應。引發兒童攻擊遊戲行為的不僅僅是玩具，性別至少也是交互影響的因素。任何想找出戰爭玩具與攻擊行為關係的研究都是以男孩為研究對象，這都是基於男孩可能對戰爭玩具產生某種反應的假設。換句話說，他們都假定玩具本身的特質就足以引發兒童的某種行為，然而實際情形並非如此。

　　在 Turner 與 Goldsmith 的第一個研究中，他們給予兒童不同的玩具（除了教室原有的玩具之外，有時增加玩具槍，有時增加飛機），並讓他們自由遊戲，以觀察不同玩具可能引發的行為。研究中有一位督導者和兩位觀察員出現在教室中，他們盡量避免和幼兒發生互動。第二個研究也要求教師盡量減少和兒童互動。在這樣的情境下，兒童的行為比較不會受到壓抑。結果顯示：暴力玩具對兒童的反社會行為有所影響。

　　Sutton-Smith 指出，這兩個研究有很多的缺失：

　　第一，觀察者在觀察之前已知道研究假設，造成觀察者比較會去

期待攻擊行為的發生,而可能將假裝的攻擊行為算成是真正的攻擊行為。因此,觀察者若知道研究假設,縱使他們盡量保持客觀,仍然很難避免有高估攻擊行為之嫌。

第二,這個研究的樣本絕大部分是來自中上階層,這些兒童的父母對戰爭玩具都有極大的偏見,他們可能會受到父母的影響而對戰爭玩具也有偏見。

第三,在每 30 分鐘的自由遊戲時段,平均每一位兒童之攻擊事件發生的次數少於一次(每一位兒童在每一個 30 分鐘至少被觀察了十二次)。事實上,絕大部分的攻擊事件都發生在少數幾位攻擊性比較強的兒童身上。

第四,雖然在增加玩具槍或飛機時,攻擊事件發生的頻率較平常為高,但是增加玩具槍或增加飛機,此二者之間並沒有顯著差異,可見是玩具的新奇性而非玩具槍的戰鬥性引發了較多的攻擊行為。

Sutton-Smith 認為,從以上的研究可見,我們不能只從玩具本身去預估兒童會有怎樣的行為。打鬥遊戲是從古至今全世界男孩普遍存在的遊戲行為,而不是因為有了電視或玩具之後才發生。扮演超人或鬼怪雖然是受到電視節目的影響,但是這些都不過是以前的牛仔、警察或強盜的化身。以前的兒童不能從媒體上找到共同的幻想情節,現在的電視提供了兒童較多幻想的情節,讓較年幼的兒童也有了扮演的內容。電視中的人物角色甚至無所不在地融入兒童的日常生活之中,而玩具與電視故事經常共同出現而變成了卡通節目。

透過遊戲,兒童將電視中的人物角色加以演出,以實現日常生活中所不能達到的願望。正如 James 與 McCain 的研究顯示,兒童最喜

愛的節目雖然是米老鼠，但是他們從來不去扮演它，他們觀看蝙蝠俠的時間比米老鼠少得多，但是卻常常扮演蝙蝠俠。他們常想像自己變成超人的情景，而非成為弱小的人物，因為在日常生活中他們已經是這種角色了（引自 Sutton-Smith, 1988）。

在對戰爭玩具與攻擊行為的一些研究做了上述詳細的分析之後，Sutton-Smith（1988）認為，戰爭玩具與攻擊行為的產生並無關係。

Wegener-Spohring（1989）也抱持著相同的看法，並指出攻擊或嚇人是兒童遊戲中常有的主題。兒童能夠處理這些行為到他們可以忍受的範圍，他們能求取這些行為與遊戲的平衡。成人的介入經常破壞了這樣的平衡，並且傷害和羞辱了兒童。兒童認為遊戲是自由的，並且能在他們的掌控之中。成人經常忘記兒童早已知道「遊戲不是真實的，它是假裝的」。有些心理學者認為，玩戰爭遊戲可以讓兒童彌補其感覺弱小的缺憾。Wegener-Spohring 的結論為：戰爭遊戲是男性的遊戲，兒童玩戰爭遊戲時大都是與想像的人物做面對面的打鬥。

不過，Beresin（1989）認為雖然有關研究沒有確切地顯示戰爭玩具和攻擊行為的關係，但是從發展的觀點上，仍然不應該贊成兒童去玩戰爭玩具。從 1982 至 1989 年，戰爭玩具的銷售量增加了七倍，全美最暢銷的二十項玩具中有十一項與暴力的主題有關。Beresin 對此情形甚為憂心，她指出到目前為止，有關戰爭遊戲與攻擊行為關係的研究都是在實驗室的情境進行，雖然這些研究並沒有顯示玩戰爭玩具一定會增進兒童的攻擊行為，但是我們仍然不知道這種象徵戰爭的玩具對兒童的影響有多少，更不知道在非實驗室情境中，暴力幻想與暴力行動的關係，何況有關的研究結果也不一致。此外，從戰爭玩具所

 **幼兒遊戲**

造成的高意外傷害而言，父母或教師在提供幼兒此類玩具時仍以小心謹慎為宜。

 第三節 數位遊戲

現今是科技發達的時代，科技產品的使用是現代生活之主要特徵。在連結網路的移動式科技設備（包括智慧型手機和平板電腦）引入觸控式螢幕之後，為更年幼的兒童提供了更廣泛的使用科技產品之機會。2017 年，美國有小孩的家庭中，98%擁有移動式觸控螢幕設備。同年在澳洲，有三分之一的學齡前幼兒（0 至 5 歲）擁有自己的平板電腦或智慧型手機；2 歲以下幼兒每週使用螢幕的平均時數是14.2 小時，2 至 5 歲幼兒每週使用螢幕的平均時數則是 25.9 小時（Disney & Geng, 2021; Scott, 2021; Zabatiero et al., 2018）；在法國，78%的幼兒到 14 個月大時，已在使用移動式觸控螢幕設備，到了 2 歲，該比例甚至增加到 90%；在英國，21%的 3 至 4 歲幼兒擁有自己的平板設備（Scott, 2021; Straker et al., 2018）。

隨著幼兒使用數位科技進行遊戲的情形不斷增加，「數位遊戲」（digital play）的概念因而產生。這樣的遊戲形式逐漸被接受，成為幼兒遊戲形式之一，其與傳統的幼兒遊戲活動最大之不同是使用數位科技進行（Disney & Geng, 2021）。然而，對於幼兒是否適合使用數位科技於遊戲與學習，幼教工作者和家長的看法有些矛盾，似乎既期待幼兒學會使用科技，又擔心幼兒因此受到不良影響。從澳洲幼兒教

育部的研究結果（Zabatiero et al., 2018）即可看出。

Zabatiero 等人（2018）的研究以幼教工作者、學者、專家及家長為研究對象，邀請他們上網填寫問卷，共有 528 人填寫，其中有 515 人完整回答 12 個問題。當被問到「幼兒不需要熟練使用數位科技」時，勾選「極度不贊成」和「不贊成」的比例共計 49%，此顯示：幾近半數的填答者肯定科技在幼兒生活中之重要性。但被問到「數位科技對幼兒的學習有巨大之潛在益處」時，勾選「極度不贊成」和「不贊成」的比例共計 52%，此顯示：超過半數的填答者不認為科技對幼兒的學習有很大之幫助。再被問到「學會科技對幼兒的未來會有所幫助」時，勾選「極度贊成」和「贊成」的比例加起來，又降到 36%，此顯示：認為科技對幼兒的未來有幫助之填答者只略微超過三分之一。

科技使用對幼兒的遊戲和學習可能有哪些不良影響？幼教工作者、學者、專家及家長的看法為何？相關研究的發現如下（Disney & Geng, 2021; Plowman & McPake, 2013; Plowman et al., 2010; Zabatiero et al., 2018）：

1. 數位科技的使用可能會使人上癮和社交孤立，限制了幼兒與他人的社交互動，因而不利於語言、正向情緒與社交能力的發展。
2. 數位科技的使用使幼兒沒有時間進行體能活動或遊戲，有礙身體的健康。
3. 數位科技使幼兒失去閱讀書籍的興趣及從閱讀中所獲得的樂趣。

4. 電視和電腦對幼兒認知能力的發展，以及當下及之後的生活都有害。

對幼兒而言，數位科技的使用真的有這些害處嗎？以下針對刊登在優良學術期刊上的論文做較深入之報導：

McPake 等人（2012）指出，許多人擔心幼兒因被科技誘惑而缺乏與家人的互動，導致無法培養他們在學校和往後生活中所需的溝通技巧。他們整合所做的三個研究發現，3歲和4歲的蘇格蘭幼兒並沒有這樣的情形。儘管有些家長擔心手機會危害健康，而另一些則擔心數位遊戲很容易上癮，卻沒有證據可以支持使用科技會對幼兒的行為、健康或學習有負面影響。在他們走訪的那些家庭，其中有些電視確實經常開著，但幼兒卻習慣於忽略它。這個年齡的幼兒已經有了喜歡的兒童電視劇、電影節目和 DVD，他們喜歡反覆觀看，卻也經常穿插其他活動。他們選擇與節目或電影相關的玩具，並模仿螢幕上的玩法，或者打扮成該角色進行扮演。若父母或兄弟姐妹也一起觀看，他們可能會在其他時間討論看過的節目或者加以扮演。因此，數位媒體提供了他們對世界問題討論之題材，並激發他們的敘述和想像力之發展。

此外，在家長適當的支持下，幼兒還會結合手機、電子郵件、社交網站、視訊通話和數位相機的使用，進行遠距通訊，和遠方的親人溝通，例如：一名3歲幼兒透過母親的引導，學會儲存和檢索數位照片，並傳送照片和包含表情符號的圖像（其書寫能力尚未發展）給遠在澳洲的親戚，又使用網路鏡頭與他們進行視訊通話。在與素未謀面的親戚交流時，該幼兒正在學習如何以他們能理解的方式描述自己的

生活。由此可見，如果使用得當，科技可以增強而不是阻礙社交互動（McPake et al., 2012）。

Disney 與 Geng（2021）在澳洲的三個托兒中心，針對 80 名 3 至 4 歲幼兒進行了為期 4 週的半結構化實地觀察，探究幼兒在使用 iPad 進行數位遊戲時的社交互動。結果顯示，在進行數位遊戲時，除了口語表達和語言使用未達中等程度之外，其他的參與項目都被評為中等參與度以上。幼兒經常透過徵詢同儕的同意而加入遊戲，由此產生了同儕之間的合作；他們大都透過肢體語言和動作與同儕溝通、觀察他人遊戲、提供指導和建議，或對同儕的指導加以回應。

對幼兒使用科技進行遊戲的分析顯示：在幼兒非數位遊戲中所有的遊戲類型，在他們的數位遊戲中也可以找到（Scott, 2021）。

Disney 等人（2019）探究：使用觸控式螢幕設備進行遊戲，對 3 至 4 歲幼兒學習計算概念的影響。研究者提供幼兒使用 iPad 科技產品上的應用程式（Apps）進行數學遊戲。研究發現，透過應用程式所設計的教學模組進行遊戲，幼兒的算術學習有顯著進步。

從上述可見：數位科技產品無所不在，使用數位科技已是現今大多數人生活中不可或缺的活動。從出生開始，個體即耳濡目染，模仿學習周遭成人使用數位科技的行為。不過，對於幼兒進行數位遊戲，學者也提出一些建議，包括：選擇適合幼兒的遊戲軟體、成人能夠從旁協助和引導、讓幼兒與螢幕保持 60 公分的距離、利用鬧鐘提醒幼兒玩 20 分鐘就要休息、成人協助安排讓幼兒能在數位遊戲中獲得解決問題與人際互動的機會，以及將不適合幼童使用的內容鎖碼（Lancy, 1985; Silvern, 1998）。

幼兒遊戲

第七章
遊戲環境

「池塘的水滿了雨也停了，田邊的稀泥裡到處是泥鰍。天天我等著你，等著你捉泥鰍……」

這首很多人耳熟能詳的民歌，歌詞所描述的是 1950 和 1960 年代出生的臺灣人之童年遊戲經驗。談到遊戲，在那個年代出生的人馬上會想起當年在田野捉蟋蟀、溪流捉魚蝦，在街道旁或家門前跳橡皮筋或跳房子的情景。接著，他們常常會感嘆現在的孩子很可憐，缺乏戶外遊戲的場地可以遊戲，像隻飼料雞天天關在自己的家裡玩。

近二、三十年來臺灣人口快速增加，很多的農田和空地都變成了房舍。國民所得提高，車輛大量增加，街道兩邊已不再是兒童可以嬉戲的地方，因而家中狹小的空間就成為兒童遊戲的主要地方，遊戲活動也變成以靜態的為主。不僅住家如此，很多幼兒園也是如此。有些幼兒園根本沒有戶外遊戲場，幼兒每天都在教室內進行靜態的活動。而有些幼兒園雖然有戶外遊戲場，但是場地十分狹小，也無法讓幼兒盡情地嬉戲。

社會與經濟結構的變化顯然改變了臺灣兒童的遊戲環境及遊戲方式。早期兒童的遊戲場地主要是在室外，遊戲的方式以和其他兒童共同遊戲的情形居多。近三、四十年來，遊戲的場地逐漸轉入室內，遊

幼兒遊戲

戲的方式以獨自玩玩具（尤其是在家裡）的情形居多。

　　然而，室內與室外遊戲環境各有其獨特的遊戲功能，無法彼此取代，因此為顧及兒童身心的全面發展，不僅應該提供良好的室內遊戲場地，也應提供適宜的戶外遊戲場地。

 第一節　室內遊戲環境

　　在臺灣，幼兒進入幼兒園學習的情形日益普遍。在幼兒園中，幼兒在教室裡的時間占了絕大部分，因此室內遊戲環境的規劃顯得格外重要。室內的空間密度、區隔與安排，不但影響教師的教學方式及對待幼兒的態度，也影響幼兒所表現的行為。因此，室內遊戲環境的規劃，不妨從此二方面加以考量。

一、空間密度

　　有關室內空間密度與幼兒行為的研究結果並不一致。有的研究發現，空間密度增加，攻擊行為也隨之增加；有些研究則發現，空間密度增加，正向的社會行為亦隨之增加（Johnson et al., 1987）。Smith與Connolly（1980）認為，研究結果之所以不同，是因為有些研究只考慮空間的大小與幼兒人數的變化，而未考慮到當人數增加時，每一個幼兒所能使用的設備也相對減少。此外，這些研究對攻擊行為的定義也有不同，有些研究視打鬧遊戲為攻擊行為，有些則否。Smith與

Connolly 將空間大小、幼兒人數及設備多寡等三項因素同時列入考慮，比較一個幼兒的空間密度在 15、25、50 或 75 平方英尺時的遊戲行為。結果發現：當每一位幼兒所擁有的空間減少時，大肌肉活動也隨之減少。當空間密度（擁擠的程度）減到每 25 平方英尺一位幼兒時，幼兒社會行為的改變才顯現出來。當空間密度從每 25 平方英尺一位幼兒，降到每 10 平方英尺一位幼兒時，攻擊行為則顯著增加，群體遊戲行為顯著減少。

Smith 與 Connolly（1980）的研究顯示，每 25 平方英尺一位幼兒的空間密度是最低的限制，如果教室的空間密度低於這個門檻，教師不妨從減少家具與設備著手，以免因過度擁擠而有攻擊行為發生。相對地，如果教室內常常有追逐行為，很可能是因為教室內過於空曠，不妨以家具和設備將空間加以區隔，以減少這類行為的發生（Johnson et al., 1987）。

根據教育部（2019）《幼兒園及其分班基本設施設備標準》第 10 條之規定：「……室內活動室面積，得採個別幼兒人數計算方式為之。每人室內活動空間不得小於二點五平方公尺。」而室內活動室的面積是扣除牆、柱、出入口淨空區等之面積。但是，臺灣西部地狹人稠，土地和房屋價格都十分昂貴，所以有不少幼兒園平均每位幼兒所擁有的室內面積都未達到法定標準。如何在現有的室內環境中充分利用空間，使幼兒遊戲時不會彼此互相干擾，頗值得園方用心去思考。

幼兒遊戲

二、空間區隔與安排

　　空間密度固然會影響幼兒的遊戲行為，空間的區隔與安排更會影響幼兒的遊戲行為。有些研究者比較開放的空間與適度區隔的空間對幼兒行為的影響。結果發現：在適度區隔的空間中，幼兒的遊戲層次比在開放的空間中高。Sheehan 與 Day 發現，將大的空間做小區隔之後，幼兒在自由遊戲時間的喧鬧行為隨之減少，而合作行為相對增加。Field 比較空間安排、師生比例與遊戲行為之關係後，發現最高層次的社會與認知遊戲行為出現在有隔間的教室，而最低層次的遊戲行為則出現在空間大而開放的教室。然而，因為在這兩個教室之師生比例不同，所以很難斷定遊戲行為的差異是與空間安排有關，還是和師生比例有關（引自 Johnson et al., 1987）。

　　空間的安排也可能影響玩物的可見性與可得性，進而影響幼兒的遊戲行為。玩物放在幼兒容易看見及拿取的位置，幼兒去取用的頻率會大為提高（Johnson et al., 1987）。

　　此外，將某些性質相近的角落合併，可以使遊戲行為更有變化（如圖 7-1、圖 7-2 所示）。Kinsman 與 Berk（1979）發現，拆除扮演角和積木角間的隔間之後，男孩與女孩一起遊戲的情形增加，尤其是男孩到扮演角遊戲的情形顯著增加。年齡較大的幼兒將此兩角落的玩具整合使用在遊戲中的情形，（積木作為戲劇遊戲的道具）也顯著增加（Johnson et al., 1987）。

圖 7-1　架下設置隱密角，架上設置閱讀角

圖 7-2　電腦角

註：挑高的木架不但增加了可利用的空間，又兼具隔間作用。

三、角落規劃

　　因為空間適度的區隔可以提高幼兒遊戲行為的層次，所以幼兒園的教室最好能隔成幾個角落。角落的位置可依活動的性質及使用的材料做適當安排，其安排的原則如下：

1. 角落的多寡應視教室的空間大小而定。教室空間大者可以多設幾個角落，教室空間小者不妨減少角落的數目，有些角落可以常設，有些則做定期的更換。

2. 角落的大小應視活動的性質而定。動態的活動（例如：堆積木、想像扮演）需要較大的空間（如圖 7-3、圖 7-4 所示），靜態的活動（例如：閱讀、數學活動）比較不需要大的空間。角落的大小也可以隨著幼兒的興趣或配合教學主題做適當調整，例如：在進行「好玩的水」之教學主題時，不妨將科學角的空間調大些；在進行「童話列車」之主題時，可以將語文角的空間調大些，讓學習活動可以更順利地進行。角落大小改變之後，其內的桌椅擺放及布置也常隨之改變，而幼兒的學習行為也常因此而有不同（如圖 7-5、圖 7-6 所示）。

3. 選擇可以多重利用的教具，例如：有輪的矮櫃可以置放玩具，櫃子的背面可以做為作品展示區或塗鴉區；櫃子用來隔間不但可以減少分心的行為，必要時還能適時調整空間的大小。

4. 能夠互通的角落以相鄰為佳，例如：在進行「昆蟲」之教學主題時，語文角和科學角若能互通，幼兒對某些昆蟲的習性

圖 7-3　以一個獨立空間設置的積木角

圖 7-4　以一個獨立空間設置的扮演角

圖 7-5　語文角一

圖 7-6　語文角二

註：同樣是語文角，但因布置不同，幼兒所表現的行為也有不同。鋪了地毯，放有靠墊的語文角，幼兒比較常共同看書和討論；放滿了桌椅的語文角，幼兒比較常坐在椅子上各自看書。

不甚清楚時，可以馬上去查閱語文角有關的圖書。積木角和戲劇角若能互通，幼兒在利用積木蓋了城堡之後，可以利用戲劇角的人偶去進行想像遊戲。

5. 需要安靜思考的角落（例如：語文角、益智角），盡量避免設置在走道旁，或和吵鬧或動態的角落（例如：扮演角）相鄰。

6. 特別需要光線的角落（例如：閱讀角或科學角），以靠近窗戶為原則。

7. 需要用水的角落（例如：藝術角、科學角），以靠近水源取水方便為原則。

8. 保留適當的走動線，不但方便孩子進出各個角落，並且可以避免干擾他人活動。物品的擺放應能讓幼兒自行取用及歸位，一方面可以培養幼兒良好的生活習慣，另一方面可以方便其他幼兒再度使用同一個物品。

9. 角落的內容視幼兒的興趣做適當的調整，可以常保幼兒的好奇心和遊戲興趣。

四、環境規劃之實例

華玲（Walling）是一位幼兒教師，在她的教室裡，幼兒常常出現一些不當的行為，令她深感困擾。因為每天花費在維持秩序和督導孩子行為的時間占了大半，剩下可以進行教學的時間不多，所以她無法感受到教學的樂趣。

　　有一天，當華玲靜下來觀察孩子的行為時，忽然領悟到孩子的不當行為可能是空間安排不當所致，因此她決定先觀察記錄孩子的行為，以了解不當行為產生的原因。結果她發現，由於教室空間過於開放沒有任何障礙，所以孩子常出現奔跑的行為。至於哪些活動應該在哪裡進行也沒有明確的界定，因此造成各種活動常常互相干擾和衝突（如圖 7-7 所示）。華玲於是開始著手進行教室空間的規劃。她認為適當的區隔應該可以解決上述的問題，因此她決定規劃出幾個角落及比較隱密的地方，角落之間有通道可以互通（如圖 7-8 所示）。華玲發現在空間重新安排之後，教室氣氛改變了，孩子們比較能專注地進行活動，奔跑追逐的情形減少了，活動中的干擾以及衝突也大為降低（Kritchevsky et al., 1977）。

圖 7-7　原來的教室安排

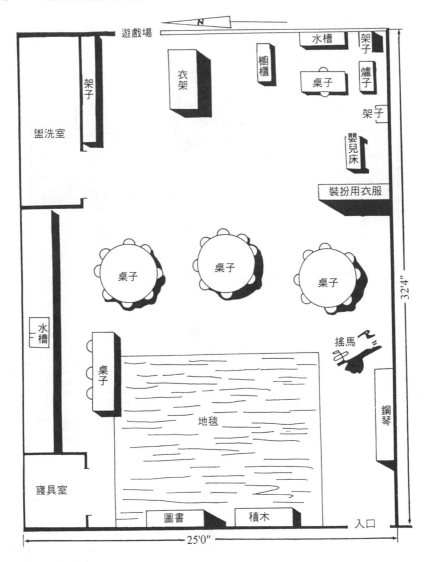

註：引自 Kritchevsky 等人（1977）。

圖 7-8　規劃後的教室安排

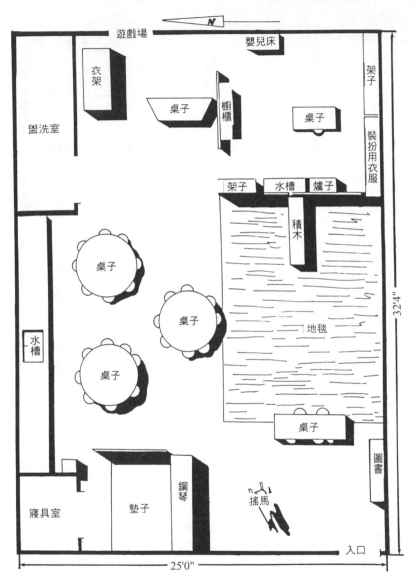

註：引自 Kritchevsky 等人（1977）。

第二節　戶外遊戲場

　　戶外遊戲對幼兒發展的助益很多，包括：(1)從陽光的曝曬中吸收維他命 D，增進骨骼和免疫系統的成長與發展；(2)鍛鍊體能；(3)增進執行功能（包括：計畫、確定優先等級、排除故障、協商和處理多項任務的技能）；(4)增進冒險的勇氣；(5)增進社會化：獲得社交技巧、學習與別人分享和合作；(6)提高欣賞大自然的能力（McCarthy, 2020）。在幼兒園或人口稠密的地區，戶外遊戲場是提供幼兒戶外遊戲的主要地方，其能否發揮前述功能，端看戶外遊戲場如何規劃。因此，規劃戶外遊戲場也應像規劃室內遊戲場那般用心。

　　空間密度是遊戲場規劃的首要考量因素，因它影響幼兒在戶外遊戲的品質。戶外是幼兒進行大肌肉與動態活動的主要地區，較大的空間才能滿足幼兒進行這類活動的需求。根據教育部（2019）《幼兒園及其分班基本設施設備標準》第 12 條之規定：「幼兒每人室外活動空間面積，不得小於三平方公尺；私立幼兒園及其分班設置於直轄市高人口密度行政區者，不得小於二平方公尺。」但因臺灣地狹人稠、土地昂貴，尤其是直轄市地區，為因應現實環境之限制，在該條法規之中另外規定：「室外活動空間總面積未符合第一項規定，而達二十二平方公尺及招收幼兒人數二分之一所應具有之面積者，其室外活動空間面積不足部分，得以室內遊戲空間面積補足。」

一、遊戲場的演進與種類

從遊戲設施之材質與規劃的演變，遊戲場可以分為下列三類。

（一）傳統遊戲場

過去，在公園或國小的操場上常可見到鋪了柏油或水泥的地面上，散落著固定其上的鐵製遊戲器材，例如：滑梯、鞦韆、旋轉馬、旋轉地球、攀爬鐵架等，這些都是在傳統遊戲場（traditional playground）常見的設備。從 19 世紀初期開始，這樣的遊戲設備就成為兒童戶外遊戲的主要場地。

傳統遊戲場的優點是它不需要太多的維修工作，這也是政府或學校行政人員偏愛它的原因。然而，這種遊戲場卻有不少缺點，其中之一是它只能提供大肌肉活動的機會。Campbell 與 Frost 比較國小二年級兒童在傳統遊戲場和創造性遊戲場的遊戲行為，結果發現：出現在傳統遊戲場的遊戲行為，有77%是功能性遊戲，只有3%是戲劇遊戲；出現在創造性遊戲場的遊戲行為，有43%是功能性遊戲，39%則是戲劇遊戲。此外，在創造性遊戲場出現較多建構遊戲行為，而在傳統遊戲場則出現較多規則遊戲行為。從社會參與度而言，出現在傳統遊戲場的平行遊戲行為也比創造性遊戲場多（分別是29.5%、12.6%）（引自 Frost, 1992）。Boyatzis 也發現，出現在傳統遊戲場的遊戲行為，60%是非社會遊戲（單獨遊戲和平行遊戲）（引自 Johnson et al., 1987）。

　　遊戲器材之玩法固定是傳統遊戲場的另一個缺點。傳統遊戲場的遊戲器材大都只具備單一的遊戲功能，又因遊戲器材分散而且固定，不能加以結合去變化玩法，所以很難吸引兒童長期的興趣。在紐約市所做的調查研究就發現，即使在遊戲的尖峰時間，市內88%的傳統遊戲場還是閒置著，而兒童在這種遊戲場的遊戲時間平均只有21分鐘。Naylor綜覽相關文獻後發現，兒童比較喜歡在街上而不喜歡在傳統遊戲場遊戲（Johnson et al., 1987）。

　　較多的遊戲傷害是傳統遊戲場的另外一個缺點。國外研究發現，大多數的遊戲傷害是發生在傳統遊戲場（Frost, 1992）。堅硬的地面和鐵製的遊戲器材，可能是造成遊戲傷害的主因。此外，傳統遊戲場的遊戲器材因為玩法過於單調，兒童常以較危險的玩法使用這些遊戲器材，這也是造成遊戲傷害的另一個原因。

（二）現代化遊戲場和創造性遊戲場

　　現代化遊戲場（contemporary playground）通常是利用廠商所製造的遊戲器材組合設置，它易於搭建，但價格較為昂貴。遊戲器材的材質多半是木材和昂貴的石材。創造性遊戲場（creative playground）是由社區居民利用木材、廢棄的輪胎、繩索、水管所建造。在這兩種遊戲場常見的設備有：木製的攀爬設備、引發戲劇遊戲的小屋、固定在滑輪上的繩索、輪胎做的鞦韆、輪胎陣、翹翹板、吊橋、隧道、階梯、滑梯等。放置遊戲器材的地面多為草地或沙地，還有水泥或柏油路面做為騎三輪車或其他車輛的場地。此外，沙坑、水塘或花園也是常有的設備。遊戲器材通常不是單獨放置，而是幾項連結放置，例

如：滑梯、吊橋和攀爬架的組合。這樣的設備通常比較能引發多樣化的遊戲行為（Frost, 1992; Johnson et al., 1987）。

（三）冒險性遊戲場

冒險性遊戲場（adventure playground）於 1943 年發源於丹麥，在第二次世界大戰後流行於英國，1970 年代才在美國逐漸設立。冒險性遊戲場是利用天然環境及廢棄的材料所建造。遊戲設施並非固定不變，而是可以建造之後再拆除重建。這種遊戲場有比較多的天然設施，例如：泥淖、水塘、花園等，甚至還有動物棲息其間。在這種遊戲場中，也有比較多可以讓兒童操作的彈性素材，例如：木頭、木箱、繩索、線軸、輪胎、鎚子、鐵釘、鋸子及其他工具。遊戲場中可以進行的活動很多，包括：建造、拆除、生火、炊事、挖掘、滑泥。遊戲場中通常有一個稱為遊戲領袖的成人督導遊戲。

冒險性遊戲場提供很多彈性的遊戲素材，讓兒童可以創造和變化玩法，因此最具遊戲價值，也最受兒童的喜愛。然而，這種遊戲場的建造費用相當昂貴，因此比較不容易普及（Frost, 1992; Heseltine & Holborn, 1987; Johnson et al., 1987）。

上述三類遊戲場以現代化遊戲場最為普及，在公園和幼兒園的戶外遊戲場都可以看到廠商製造的遊具，但遊戲的種類及其所能提供遊戲的複雜性則隨場地之大小而有所不同。近二十年來，因為「遊戲平權」的概念以及「社區發展」受到重視，和現代化遊戲場一樣，也是由廠商所製造的遊具組合設置「共融式遊戲場」成為建置的新趨勢。

二、遊戲場建置的新趨勢：共融式遊戲場

過去，遊戲場的建置幾乎沒有考慮特殊兒童的需求，其種種障礙導致特殊兒童被排除於遊戲場之外。自 2010 年代以來，建置能提供所有兒童平等遊玩的遊戲場（playgrounds for all）之議題不斷地被探討，而共融式遊戲場（inclusive playground）逐漸成為歐美各國遊戲場建置的趨勢（Moore et al., 2021）。

建置共融式遊戲場的主要理念是為所有人（包括身心障礙兒童），提供兼具「可達性」（accessibility）和「好用性」（usability）的遊戲場，使他們能在其中享受與其他兒童共玩的樂趣。可達性是指，身心障礙兒童不必依賴大人的協助就能到達遊戲設施；好用性是指遊戲設施能符合身心障礙兒童的需要，且容易使用（Wenger et al., 2021）。除了考慮身心障礙兒童的遊戲需求，一個設計良好的共融式遊戲場還應考慮社區所有居民的需要，設置成人使用的體健設備及休憩設施，享受社區居民共玩的樂趣，由此增進彼此之間的情誼。

共融式遊戲場都是由廠商規劃設計，提供所有兒童多元感官體驗的遊具，包括：滑動（sliding）體驗遊具、旋轉（spinning/rotating）體驗遊具、攀爬（climing）體驗遊具、擺盪（swinging）體驗遊具、感覺遊戲（sensory play）、搖擺—彈跳—平衡（Rocking-bouncing-balancing）體驗遊具、高架遊具（overhead events）（General Recreation Inc., n.d.）。

幼兒遊戲

　　在臺灣，自 2016 年起，臺北市率全國之先，推動興建共融式遊戲場（臺北市政府，2022）。之後，新北市、臺中市、臺南市、嘉義市、高雄市等縣市陸續跟進，由縣市政府委託廠商建置具特色的共融式遊戲場。以高雄衛武營都會公園共融遊戲場為例，設計上除了考量建置無障礙設施，遊具的選擇也考慮所有兒童之可達性和好用性（如圖 7-9 所示）。此外，還兼顧衛武營軍事營區的歷史意義，以繽紛的軍事迷彩色系搭配各式遊樂主題（高雄旅遊網，2022）。近年來，各縣市的共融式遊戲場不但數量增多，而且遊戲設備也較為多樣化。

圖 7-9　無障礙組合遊具

三、遊戲傷害與遊戲場之安全

今年元旦假期，太太提議到郊外走走，順便帶爸爸、媽媽一起出外散心，當然我那可愛的 3 歲兒子一定同行，因為兒子是爸、媽願意出門的最大誘因。

我們選擇了一處花園農場遊樂區，由於其規劃的植物生態區、水族館皆是精心設計，令全家人嘆為觀止。玩了好幾樣遊樂設施後，終於來到「旋轉木馬區」前，孩子興奮大叫：「我要騎馬馬！」於是太太抱了孩子選擇了一匹木馬。等大家坐定之後，開關一啟動，孩子隨著音樂興奮不已。突然，聽到一聲慘叫，哭聲劃破了曠野，爸媽聞聲跳起，工作人員也緊急煞車，只見孩子的褲子沾滿了血。

脫下孩子的褲子一看，生殖器官血流如注，趕緊送往附近的醫院急救，經過一番折騰，總共縫了九針。隔天，帶著孩子去醫院診治，才發現孩子的生殖器周圍淤血腫大，主治醫生說可能會有後遺症，要等到18歲以後，才能確定是否喪失生殖能力。（引自消費者文教基金會，1995）

（一）常見的遊戲傷害

兒童在遊戲場發生意外傷害之事件時有所聞。根據美國消費品安全委員會（United States Consumer Product Safety Commission）的報

告，1994 年全美有二十萬名兒童因為遊戲場的意外傷害送醫救治，這其中有 70%的意外傷害是發生在公園或校園。另外，美國公共利益研究小組（The United States Public Interest Research Group）的報告也指出，美國每年大約有十五萬名兒童因為遊戲傷害被送醫急救，每年平均約有十五個兒童在遊戲場遊戲致死（引自 1998 年第三屆兒童遊戲規劃與安全研討會資料集）。根據行政院衛生署 1991 年的統計，兒童意外死因高居第一位的是交通意外事故，其次是溺水，墜落則居第三位（引自 1996 年第二屆兒童遊戲規劃與安全研討會資料集）。在遊戲受傷送醫急救者中，以從遊戲器材掉落地面者居多。其他還有被鞦韆或正在轉動的遊戲器材打傷，撞到固定著的器材而受傷，被突出物、尖角刺傷，被裂縫夾傷和被灼熱的器材表面燙傷等（Frost, 1992; Heseltine & Holborn, 1987; United States Consumer Product Safety Commission, 1994）。

至於造成致命傷害者以從高處掉落柏油地面者最多，其他還有因為衣服被夾住、從滑梯翻落、被繩索套住、頭被夾住、被鞦韆打到、誤食遊戲器材表面的含鉛油漆等造成的致命傷害。造成兒童受到這些傷害的原因是：器材的設計不良和裝置錯誤、地面處理不當、器材維修不當或甚至根本沒有維修，以及兒童的使用方法不當等（Frost, 1992; Heseltine & Holborn, 1987; United States Consumer Product Safety Commission, 1994）。因此，要預防遊戲傷害的發生，必須注意遊戲器材的設計是否符合安全原則，安排的位置是否得當，遊戲場的地面處理是否適當，設備是否經常維修等。此外，教師應該教導幼兒遊戲設備的正確使用方法，例如：滑梯是用滑的而不是用走的或爬的，沙

坑的沙不可以拿起來丟人等，以減少遊戲傷害的發生。

（二）遊戲器材的設計與安置

　　英國一名 4 歲小女童正在沙灘上的充氣城堡開心地玩著溜滑梯，沒想到疑似天氣太熱，充氣城堡竟突然爆炸，女童瞬間被炸飛 6 公尺高，相當於 2 層樓左右的高度，接著重重摔在地上，送醫搶救後仍回天乏術（自由電子報，2018）。

　　充氣城堡的遊戲傷害，也發生在福建泉州，當時有多名兒童在其上遊玩，突然颳起的強風，將它吹翻，造成一名男童死亡，6 人輕重傷（EBC 東森新聞，2018）。回顧第五章第五節所探討的「玩具的安全性」，曾經提到選擇騎乘玩具應考量其重心是否太高及是否足夠堅固；至於充氣玩具，若屬易燃材質，應遠離熱源。「充氣城堡」是遊戲器材而非小型的玩具，但選擇玩具應考量的安全原則，仍然適用於遊戲場遊戲器材的選擇。除了第五章提到的安全原則，以下將針對遊戲場的各種遊戲器材在設計與裝置時應注意的安全原則做較深入的探討（引自 1996 年第二屆兒童遊戲空間規劃與安全研討會資料集）（財團法人臺灣玩具暨兒童用品研發中心，2012；Frost, 1992; Heseltine & Holborn, 1987; United States Consumer Product Safety Commission, 1994）。

1. 滑梯

　　滑梯以木製的為佳，聚乙烯製造的亦可（如圖 7-10 所示）。木

圖 7-10　聚乙烯製造的管狀滑梯

製的滑梯，表面宜光滑。金屬製的應面朝北或在陰影區內，以防太陽照射溫度過高。滑梯的長度最好短於 9 英呎（約 270 公分）。開放式滑槽之兩側應置擋邊，其高度應大於 4 英吋（10.2 公分），且滑槽與擋邊為一體不得有間隙，梯面的坡度以不超過 30°為宜。根據國家標準 CNS12642 之規定：滑梯之高度除以其長度不得超過 0.577（引自羅榮祥，無日期）。給幼兒用的螺旋形滑梯宜短，管狀的滑梯其內側直徑應大於 23 英吋（58.42 公分）。滑梯應有滑出段（如圖 7-11 所示），滑梯高度大於 122 公分者，滑出段高度應在 18 至 38 公分之間，若高度在 122 公分以下者，滑出段高度應在 28 公分以下，滑出端邊緣應為圓形或弧形。滑梯入口處應設置可引導幼兒成坐姿下滑之護罩、護欄等，但不可被攀爬或誤用，出口處 183 公分內不得有任何阻礙物或牆壁（引自羅榮祥，無日期）。

圖 7-11　滑梯應有適度的滑出段

2. 擺盪遊具

　　傳統的擺盪遊具是前後擺盪，且座椅都是一小塊方形木頭或塑膠皮的鞦韆。現在的鞦韆座椅，已因應不同年齡與發展的需求，而有多種變化（如圖 7-12 所示）；鞦韆形式也與以往有所不同（如圖 7-13 所示：繩索組成，形狀似蛇，可多人乘坐，左右擺盪的遊具）。傳統鞦韆造成的遊戲傷害約占所有遊戲場所發生的意外傷害之四分之一。造成傷害的原因包括：(1)從鞦韆掉落堅硬的地面；(2)從鞦韆掉落後，被還在擺盪的鞦韆打到；(3)突然進入鞦韆擺盪的範圍，因而被打到。為預防意外傷害的發生，鞦韆座椅不得為木頭或金屬製，座椅下方與鋪面間垂直距離應大於 30 公分，同一框架兩個並列的鞦韆座椅相距應大於 24 英吋（約 61 公分），鞦韆座椅和結構存柱的淨空距離應大於 30 英吋（約 76 公分）。鞦韆設置不得混齡使用，不宜設在出入口

圖 7-12　提供不同發展階段與需求的鞦韆座椅

圖 7-13　不同擺盪方式的遊具

或走道附近，不宜和攀爬設備混合放置。此外，應和其他遊戲器材有適當的距離，鞦韆前方與後方（前後來回擺盪之範圍）與其他器材的距離應為防護鋪面至鞦韆樞軸位置垂直距離的兩倍（如圖7-14所示）（引自羅榮祥，無日期）。

圖 7-14　鞦韆獨立設置且與其他遊具區隔

3. 攀爬設備

　　比起其他遊戲器材，攀爬設備提供幼兒較多體能的挑戰。攀爬器材以上等的硬木製造為佳（如圖 7-15 所示），不會因為陽光照射而溫度過高。表層有防熱處理的金屬材質亦可，繩索也是常用的質材（如圖 7-16 所示）。攀爬設備的設計最重要的是考慮幼兒的體型和能力（如圖 7-17 所示，結合人造小丘和繩索吊橋，適合較年幼兒童的攀爬設備）。器材上避免有突出的螺絲釘、尖角或銳邊，或任何會

圖 7-15　提供創意玩法又兼顧安全的木製攀爬架

圖 7-16　以繩索組成的攀爬設備

圖 7-17　結合人造小丘和吊橋的攀爬設備

勾住頭髮或衣服的突出物，以及足以夾住幼兒頭部的坑洞。墜落高度超過 50 公分以上的平臺應加護欄。對幼兒而言，爬下比爬上困難許多，因此攀爬器材宜提供幼兒較為平緩的下坡階梯。

4. 旋轉遊具

　　過去遊戲場的旋轉體驗遊具是旋轉地球或旋轉木馬，但此二者的功能有限且發生的意外傷害多，專家建議不宜在幼兒園設置。新的旋轉遊具考量遊戲乘坐者的安全、旋轉速度較慢，且乘坐者面朝外，可以隨時察覺是否有其他幼兒靠近而發生危險（如圖 7-18 所示）。

圖 7-18　旋轉遊具

5. 彈跳和平衡設備

　　翹翹板的功能有限，提供學齡前幼兒使用的翹翹板以中心點有彈簧者為佳，這種結構可以預防翹翹板的一端突然升高，坐在其上的幼兒心理不備而摔落下來。新建的遊戲場提供不同的彈跳設施（如圖7-19 所示）和平衡設備（如圖 7-20 所示）。

6. 感覺遊戲

　　提供五官體驗的遊戲設施，以增進幼兒感覺發展，例如：視覺（如產生視覺上混色效果之操作面板）、聽覺（如傳聲設備）（如圖7-21 所示）、觸覺等的遊具。

圖 7-19　彈跳設施

圖 7-20　原木平衡木

圖 7-21　敲打傳聲遊具

（三）遊戲場之地面

　　兒童在遊戲場所發生的致命傷害以掉落堅硬地面的比率最高，因此遊戲場地面處理的安全性應該要加以重視。水泥地和柏油地不適宜做為遊戲場的地面。泥土地和草地的鬆軟度會隨著氣候而變化，也不適宜做為遊戲場的地面。比較理想的是鋪上相當厚度的鬆軟材料，例如：沙、碎石及木屑，其次是鋪上橡膠地毯（Frost, 1992; United States Consumer Product Safety Commission, 1994）（如圖 7-22 所示）。此外，遊戲器材若集中設置在一遊戲場，遊戲場之防護鋪面應從各遊戲場器材之最外端向外延伸至少 183 公分的距離，以維兒童遊戲之安全（引自羅榮祥，無日期）。

圖 7-22　遊戲場的地面鋪上細沙

　　以上是遊戲場的器材設置與地面處理應注意之安全原則，不過遊戲場除了在設置前要考慮安全問題，開始使用後也要定期檢查與保養，以確保兒童的遊戲安全。

四、良好遊戲場的特徵

　　一個設備良好具有遊戲價值的遊戲場必須具備下列特點：(1)高度的複雜性；(2)能引發多樣化的遊戲行為；(3)彈性的器材或材料；(4)提供幼兒適度的挑戰性；(5)完善的安全設施（Frost, 1992; Johnson et al., 1987; Kritchevsky et al., 1977; Phyfe-Perkins & Shoemaker, 1986）。

（一）高度的複雜性

複雜性是指遊戲設施能被幼兒主動操作及改變的程度。遊戲設施依其複雜性的高低，可以分為三類：

1. 簡單的結構：遊戲器材只有一種玩法（用途），沒有配件或可以並用的器材，可以讓幼兒去操作或改變，例如：鞦韆、三輪車、搖馬。

2. 複雜的結構：遊戲器材附有配件，或將兩種不同的器材並列，讓幼兒可以操作或創造出不同的玩法，例如：沙臺和挖沙的工具、玩具屋和道具。

3. 超級的結構：三或四種遊戲器材並列使用，幼兒可以變化玩法，例如：沙坑、遊戲器材和水並列、黏土桌和工具並列、隧道和可以移動的攀爬架及大箱子並列。

複雜的遊戲設施能提供幼兒整合遊戲器材或材料去變化玩法的機會，因此比較能吸引幼兒的注意和興趣，幼兒玩的時間也比較能夠持久。要提高遊戲設施的複雜性，最好的方法是將幾項單獨的遊戲器材加以連結，例如：將滑梯、攀爬架和吊橋連結，可以使幼兒將器材接著器材、活動接著活動連續地玩（如圖 7-23 所示）。數項器材連結還可以提供較多幼兒一起遊戲的機會，增加幼兒之間的互動。此外，提供充足的配件也能增加遊戲設施的複雜性，因而引發更豐富的遊戲行為（如圖 7-24 所示）。

圖 7-23 數項器材連結——增加遊戲的趣味性

圖 7-24 沙池邊緣設置水龍頭小屋

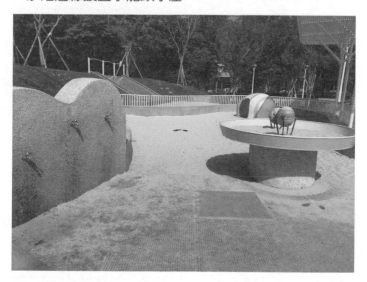

（二）能引發多樣化的遊戲行為

　　良好的遊戲場應能提供幼兒進行各種遊戲活動的機會，例如：各種攀、爬、滑、跑、跳、平衡的設備能提供大肌肉活動的機會，沙坑、水泉、木工的工具能提供建構遊戲的機會，戶外小屋能提供戲劇遊戲的機會，球、網、草地能提供規則遊戲的機會。

（三）彈性的器材或材料

　　彈性是指器材或材料能否讓幼兒操弄、結合和改變，也就是一個遊戲材料是否有不同的玩法，例如：沙、水、美勞活動的黏土或顏料，都是可以有不同玩法的彈性材料。提供充足的彈性素材，可以增進遊戲行為的多樣化，也可以提高遊戲行為的持久度。

（四）提供幼兒適度的挑戰性

　　良好的遊戲場應能提供不同層次的挑戰性，以符合不同年齡幼兒發展的需求。提供給年齡較小幼兒的應是比較簡單之設備，給年齡較大幼兒的則是較為複雜之設備。

（五）完善的安全設施

　　幼兒遊戲安全是最重要的考量，安全性高是良好的遊戲場應該具備之條件。除了遊戲器材的設計與安置以及遊戲場地面材質的選擇要考慮安全性外，遊戲場更要有定期的維修，以確保幼兒遊戲的安全。

第八章
成人對幼兒遊戲的影響

第一節 成人在幼兒遊戲中所扮演的角色

　　成人對幼兒遊戲的影響為何？一直是兒童發展學者及幼兒教育學者所關注的議題。早從嬰兒期開始，成人的影響即已顯現。很多研究都發現，母親的支持可以豐富嬰兒的遊戲內涵。當母親靠近嬰兒，表現親愛的態度，並且敏銳察覺嬰兒的遊戲需求，鼓勵其探索，提供新玩具及提示新玩法，都能增進嬰兒遊戲的專注力，並提高遊戲行為的層次（Jung, 2013）。針對育嬰中心的研究也發現，教師持續以親切關愛的態度參與嬰兒的遊戲，能誘發嬰兒的反應與合作，增進師生之間的愉悅互動，強化嬰兒與教師之間的相互了解與親密關係（Jung, 2013）。

　　然而，不是每個嬰兒都如此幸運，能與母親或教師有這麼良好的遊戲互動。年齡稍長，更多的幼兒進入托育機構接受學前教育，和教師的互動更多，但在學前教育機構不像在家裡可以經常有和成人一對一互動的機會。在師生一對多的場域中，成人對幼兒遊戲的影響又是如何？在世界人口遷徙相當頻繁的今天，臺灣亦如外國，社會更加多元，同一班級之幼兒可能來自不同的族群、語言及經濟背景的家庭。

 **幼兒遊戲**

這些來自不同家庭背景的幼兒，是不是都知道如何使用幼兒園或社福機構所提供的玩物進行遊戲？Wood（2010）指出，在英國的幼兒園，不是所有兒童都知道如何且自發而輕鬆地使用西方社會兒童所玩的玩物來進行遊戲，若只讓幼兒透過自由遊戲學習，將使那些尚未適應西方社會典型遊戲形式的兒童之學習受到限制。臺灣深受西方社會的影響，玩具有不少來自西方，即使自製的玩具，也受到西方各種傳播媒體（例如：電影、電視）的影響。然而，不是所有兒童在入園之前都有相同的機會接觸到市面上或幼兒園所提供的玩具。因此，教師在幼兒遊戲中就扮演相當重要的角色。

本書第二章在探討遊戲與幼兒發展及學習的關係時，曾提到遊戲若經過精心設計，玩物若適當呈現，成人若適當提問，都能增進幼兒的學習與發展。除此之外，成人在幼兒的遊戲中可以扮演的角色更多，包括：時間的規劃者和掌控者、空間的規劃者與情境的布置者、玩物的提供者、先備經驗的提供者、遊戲行為的觀察者、情感的支持者，以及遊戲活動的參與者或引導者。在強調「幼兒是從遊戲中學習」的幼教情境，教師更應思考如何適當扮演這些角色，以增進所有幼兒的學習與發展。

一、時間的規劃者和掌控者

在每天有提供角落時間讓幼兒自由遊戲的幼兒園裡，經常可以看到下面的情況：「某天因為某些原因而取消了角落時間，隔天幼兒就會非常期盼，一直詢問老師角落是不是要開放？」在偏重讀、寫、算

教學，而以短暫的角落時間作為學習酬賞的幼兒園，研究者觀察到下列的情況（方金鳳，2004，第 121-122 頁）。

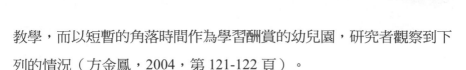

觀察實例 8-1

　　老師對幼兒們說：「長針走到 6 就要收拾了！」文一聽：「啊」的叫了好長的一聲，並說：「好討厭！不想玩了！」然後靠在牆邊不說話。宣也抱怨說：「我們還沒有玩夠呢！」這時梅說：「快點啦！快吃飯了！否則時間不夠了！」於是幾個人匆忙地吃起飯來（假裝的），然後收拾碗筷，婷則還是坐在一旁看，梅見狀生氣的罵她說：「時間到了，妳還不幫忙。」宣也附和著說：「對啊！等一下就不讓妳去了。」婷則反駁說：「那麼兇幹嘛？我才不要去呢！哼！」

　　從上例可見：遊戲時間的不足，會造成幼兒情緒的緊張，也改變了同儕之間原本良好的互動關係。

　　遊戲時間的長短，不只影響幼兒的情緒和人際互動，還可能影響遊戲的品質。如果我們仔細觀察，經常可以發現下列情況：在某個幼兒園教室裡，幼兒忙碌而專注地在進行活動，所顯現的遊戲行為相當複雜，而幼兒們似乎也充分享受這些遊戲的樂趣。但是，在另一個幼兒園教室裡，幼兒大部分時間都在遊蕩，或進行較低層次的遊戲，例如：堆起簡單的積木造形，隨即又把它推倒。為何這兩個教室裡的幼兒，他們的遊戲行為會有如此的差異？可能的原因之一是遊戲時間的長短不同。

Christie 等人（1988）發現，在給予相同的情境、玩物與教師的情況下，同一群幼兒在長短不同的遊戲時間裡，所表現的遊戲行為也不同。在較長的遊戲時間（30 分鐘）裡，幼兒會進行較多的團體遊戲（group play）、建構遊戲和團體戲劇遊戲；而在較短的遊戲時間（15 分鐘）裡，幼兒會表現較多的無所事事、旁觀、轉換行為、功能遊戲或平行戲劇遊戲之行為。由此可見，遊戲時間的長短與幼兒遊戲行為的層次有關。遊戲時間較長，幼兒會表現較高層次的遊戲行為；遊戲時間較短，幼兒會表現較低層次的遊戲行為。

因此，要提高幼兒遊戲行為的層次，教師應給予幼兒充裕的時間遊戲。然而，要給多少時間才算充裕，還要看幼兒的年齡而定。30 至 50 分鐘的遊戲時間，比較合乎 4 至 5 歲幼兒的需求，而 1 小時的自由遊戲時間，則比較符合就讀全天班的 5 歲幼兒之需要（Christie et al., 1988; Griffing, 1983; Peters et al., 1985）。

為什麼幼兒需要這麼長的時間才會出現比較高層次的遊戲行為？因為幼兒的遊戲都是從簡單的形態開始，經過不斷地嘗試和構思，遊戲形態才漸趨複雜。換句話說，從簡單的遊戲形態進入複雜的遊戲形態，幼兒需要一段時間去嘗試或思考。若遊戲時間不夠充裕，幼兒就不會去嘗試或思考比較複雜的遊戲，而只是重複地去進行一些比較簡單的遊戲，例如：幼兒要利用積木或其他玩物建造比較精密的結構，就需要一段時間進行計畫、合作建造與解決問題。若要進一步利用所建造的物品進行戲劇遊戲，則需要更長的遊戲時間。如果幼兒要進行團體戲劇遊戲，在遊戲之前就必須先找好玩伴，協商與分配角色，討論扮演的故事內容及使用的道具。上述這些事情都需要花費一些時

間，因此要提供充裕的時間讓幼兒遊戲，幼兒才可能出現較高層次的遊戲行為（Christie & Wardle, 1992）。

　　從下面的兩個觀察實例，可以看到 5 歲幼兒進行團體戲劇遊戲的過程，從討論要扮演的主題開始，接著分配角色，然後才進入扮演活動。

觀察實例 8-2

　　在某國小附幼的教室角落活動剛開始，娃娃家有五女一男正在討論扮演的主題。英熙對希明說：「我們兩個當護士。」接著又指著歆寧說：「她當醫生。」又問：「誰當病人？」希明說：「我要當客人，我不要當護士。」說完坐到工具臺前（掛號臺），拿著筆在臺上寫字。接著叫：「一號，誰要看的？」又催促歆寧：「醫生快點！怎麼那麼慢？」歆寧向病人問：「她什麼事？」手卻拿著聽筒點妙玲的頭。英熙馬上指正說：「喂！妳要這樣（比著手勢，示意聽筒要水平地拿），哪有醫生這樣？」歆寧照著英熙的指示繼續聽診。希明站在歆寧旁邊，拿著小本子在寫字，寫完帶著病人至掛號臺說：「來這裡拿藥。」

觀察實例 8-3

　　靜華站在掛號臺（工具臺）前，問坐在臺後的冬梅：「醫生在不在？」冬梅回答：「等一下，還沒開店。」靜華（媽媽）帶著文倩（小孩）離開掛號臺。過了一會兒，靜華和文倩再度到掛

號臺問：「醫生在不在？」冬梅回答：「在，繳交健保卡。」靜華遞上一張小紙片，冬梅說：「好！進來。」靜華帶著文倩走入診療室，兩人坐在小椅子上等候看病。秋菊（醫生）先拿玩具給靜華和文倩，再幫文倩在屁股和左手臂上打針。秋菊對靜華說：「妳女兒癢的時候不要讓她一直抓，不然登革熱會愈來愈多。」靜華說：「她全身都被叮了一下。」秋菊送靜華至掛號臺說：「妳去拿藥。」冬梅拿藥給靜華（五包小紙包）說：「早上吃一包，中午吃一包。」秋菊說：「不是啦！三餐之後吃一包，睡前吃一包。妳如果還會肚子痛的話，再來看醫生。」接著又說：「等一下我會打電話給妳。」

　　上述兩個觀察實例都是在同一個班級進行觀察時所記錄的，這個班級的教師給予幼兒自由遊戲的時間是 50 分鐘。進行第一個觀察的那天，剛好有一位幼兒因為之前生病請假剛剛回園。那天她帶來了幾個空的藥水瓶，所以引發幼兒去進行就醫看診的角色扮演。第一天扮演時，幼兒們先討論了扮演的主題和角色的分配。接連幾天，幼兒們還是扮演相同的主題，但是扮演之前已很少討論。第二個的觀察實例與前一個例子相隔一天。

　　除了給予幼兒充足的時間遊戲，教師最好能預先告知幼兒遊戲結束的時間。在遊戲時間結束之前的 2 至 5 分鐘給予幼兒預告，一方面可以避免因中斷幼兒的遊戲而降低幼兒對遊戲的興趣，另一方面可以使活動的轉換更為順利，而減少其他幼兒的等待時間。

二、空間的規劃者與情境的布置者

有人說：「環境中的任何東西，對幼兒而言都是一種潛在的刺激。」空間的規劃與布置可能會影響幼兒的遊戲行為。情境布置適當，可以引發幼兒較高層次的遊戲行為。

空間的大小與安排會影響幼兒的遊戲品質。有關幼兒室內遊戲環境的研究顯示，每一位幼兒以擁有 25 平方英尺（2.3225 平方公尺）的空間為最適宜。少於這個面積，幼兒的攻擊和分心之行為都會增加（Smith & Connolly, 1980）。教育部（2019）則規定每人室內活動空間不得小於 2.5 平方公尺。擁擠的空間也比較會造成教師採用直接教導的方式，並且限制幼兒之間的互動（Van Hoorn et al., 1993）。

無論室內或室外，空間安排若不適當都會影響遊戲與溝通的流暢性。相對地，教室內的空間若能適度的區隔，不只能減少幼兒在室內奔跑的情形，而且能提高幼兒遊戲行為的層次。空間的適度區隔和妥善安排，還可以減少幼兒彼此間的干擾，提高遊戲時的專注力。

透過空間的適度規劃與安排，以及壁面適度的布置，可以引發幼兒較為豐富的遊戲內容及較為複雜的遊戲行為（Kritchevsky et al., 1977; Loughlin & Suina, 1982）。

三、玩物的提供者

玩物的種類會影響幼兒的遊戲行為。Rubin 等人（1983）在整理

了遊戲的文獻之後發現，大約 50% 的 4 歲和 6 歲幼兒，其遊戲行為是建構遊戲。他們認為，建構遊戲行為之所以占很高的比例，很可能是因為這些研究都是在正式的學習環境（例如：學前學校、保育學校）進行，在這些情境中幼兒所能獲得的玩物（例如：拼圖、美勞材料）引發了他們去進行這樣的遊戲行為。在其他以非正式學習環境（例如：家）所做的研究發現，建構遊戲行為所占的比例很低，只占 5 歲和 6 歲男孩遊戲行為的 16%，而占同年齡女孩遊戲行為的 7%。另有研究發現，建構遊戲占幼兒園和小學兒童的家庭活動不到 1%（Christie & Johnsen, 1989）。

提供合乎幼兒能力的拼圖、積木、樂高，比較可能引發建構遊戲行為；提供成人的衣服、帽子、鞋子，則可能引發戲劇遊戲行為。在師生互動式閱讀某個故事之後，提供與該故事內容有關的情境與玩具，幼兒去扮演該故事的比例較高（Rand & Morrow, 2021）。同樣是建構玩具，體積較小的操作性玩具（例如：樂高）比較可能引發平行的建構遊戲行為，而體積較大的單位積木則比較可能引發群體的建構遊戲行為（Christie & Johnsen, 1989）。教師若要增加幼兒某一類型的遊戲行為，不妨提供可能引發該遊戲行為的玩物。以下是一個觀察實例。

觀察實例 8-4

娃娃家的矮櫃裡放著魚、蝦、螃蟹、麵包、蔬菜、水果等塑膠玩具，還有玩具烤肉架和一支太陽眼鏡。除此之外，就沒有其他玩具，角落裡的玩具在為期一個多月的觀察之中都沒有變換

過。在進行觀察的這一段時間內，筆者發現幼兒們的扮演內容常常圍繞著去海邊烤肉的情節。以下是兩個觀察的實例。

　　角落時間開始，安邦在地板上排著烤肉架。聿琦走入，對安邦說：「今天不是要玩烤肉？」安邦不理，繼續在烤肉架上放上魚、螃蟹和蝦，說：「我來煮。」亦欣不小心踢到烤肉架，烤肉架上的魚、蝦都掉到地上。安邦生氣地說：「把我的火用……」接著拾起掉落的魚、蝦，重新排在架上，並將螃蟹放回籃子，再放上蔬菜。亦欣的腳再次碰到烤肉架，安邦警告說：「你的腳會被烤焦喔！」

　　角落時間，亦欣拍拍手要其他人聽她說話，她說：「我跟你們講，我要當姐姐妳當妹妹（手指著平禾），妳也當妹妹（手指著郁嫻）。」但沒人理會她。亦欣於是拍拍桌子，再次分配角色。亦欣對安邦說：「爸爸，有人是這樣呢！」說著拿著碗抹烤肉架上的食物。又說：「你要把油都灑在這裡。」邊說邊拿著碗假裝將油灑在食物上。烤好了之後，小朋友們合力將食物端上桌子，收起烤肉架。安邦說：「可以吃早餐了。」聿琦、亦欣、平禾和郁嫻坐到小方桌前吃了起來。

　　教師在提供玩物時還應考慮幼兒的年齡，例如：若要引發幼兒的戲劇遊戲行為，對於不同年齡的幼兒，教師應提供不同的玩具。年齡較小的幼兒需要比較真實的玩具作為道具，年齡較大的幼兒所需要的

道具可以是比較不真實的。對於年齡較大的幼兒，教師不妨鼓勵其進行較高層次的象徵遊戲，把過於真實的玩具暫時收藏起來，讓幼兒有機會以其他物品代替這些玩具。此外，教師也可以鼓勵幼兒整合數樣物品或玩具於想像遊戲之中，以提高遊戲行為的層次及複雜性。

四、先備經驗的提供者

當幼兒的遊戲內容貧乏時，若只是提供更多的時間與玩物，有時並不能提升遊戲層次。教師還必須提供幼兒某些先備經驗或提升某些能力，幼兒才可能進行比較高層次的遊戲，例如：透過故事講述或書籍閱讀可以豐富幼兒的想像、透過戶外教學可以充實生活經驗、邀請訪客分享其工作或生活經驗可以增添幼兒遊戲的題材與內容。以下就是二個很好的觀察實例。

觀察實例 8-5

夏天是腸病毒的流行期，一旦班上有兩名幼兒出現症狀，該班就必須停課一星期。因此，很多幼兒園通常會在下學期宣導腸病毒的預防。某幼兒園曾經接受護專學生的申請，到該園透過戲劇表演宣導腸病毒的預防。隔天教師在進行觀察時，看到了下述的情形。

在娃娃家有四位幼兒正討論著誰來扮演爸爸、媽媽、大姐和

妹妹。郁菁因為個子小，大家要她當妹妹，但是她不願意，她
說：「那我當二姐好了。」大家同意之後，一家人各自忙碌地在
整理櫥櫃。

　　郁菁抱著娃娃走到媽媽身邊說：「媽媽！娃娃生病了，正在
發燒。」媽媽說：「沒關係！我去拿藥給妳餵好了。」媽媽從櫃
子中拿出一個中藥罐（空的）、一支藥匙和一個小茶杯給郁菁。
郁菁將娃娃放在大腿上，打開罐子用藥匙舀了藥，放入娃娃口
中，又拿起小茶杯倒水入口中。然後，抱直娃娃在背上拍了幾
下。郁菁又叫：「媽媽！娃娃還在發燒，病還沒好。」媽媽說：
「那我帶她去看醫生。」兩人抱著娃娃，這時媽媽說：「誰要當
醫生？」那個扮演爸爸的男孩聽到，馬上舉手說：「我！我要當
醫生！」

　　於是兩人將娃娃抱給醫生。醫生小心地將娃娃放在小床上，
摸摸額頭又摸摸嘴，然後說：「我看到她的嘴巴裡一粒一粒紅紅
的，很像腸病毒，要常常洗手喔！」接著拿了一瓶藥給她們。

觀察實例 8-6

　　在某國小附幼，大部分幼兒再過幾個月就要進入小學就讀，
教師為了讓幼兒將來能很快地適應小學的生活，每天早上都有一
段時間將桌椅排成小學上課的方式，並且依照小學的上課程序進
行教學。之後，才讓幼兒進入角落遊戲。在這段時間內，扮演角
常常可以看到幼兒在扮演小學上課的情景。

　　二男四女在娃娃家正七嘴八舌的討論要玩什麼，最後決定扮演上課的遊戲。接著分配角色，育英、青雲和安邦都爭著要當老師，僵持不下，育英對青雲說：「我當老師，你當美術老師。」德馨、小杰和琴妮選擇了學生的角色，紛紛拿了彩色筆和圖畫紙，坐到小方桌前畫了起來。育英大聲說：「上課了！」安邦插嘴道：「我代課，上課了，坐好，一加一等於多少？」小杰說：「不跟你講。」其他人對安邦的話都未加理會。

　　育英走到矮櫃前，面向坐在小方桌前的小朋友，說：「在這裡上課，坐下。」接著又說：「我當老師。」青雲聽了馬上站到育英旁邊說：「我也是老師。」育英說：「我當代課老師。」青雲接著說：「我當美術老師。」育英對德馨說：「妳當班長。」說完轉身從矮櫃中拿了盛水果的籃子，放在小方桌上說：「這是我爸爸買的水果。」此時，其他小朋友都在說話，十分嘈雜。青雲大聲說：「上課了，安靜。」自己卻吹起吸管狀的笛子。育英對德馨說：「妳要說起立，妳要說敬禮，妳要說老師早。」德馨照著指示說：「起立，敬禮。」邊說邊站起，小杰和琴妮也跟著站起，並且敬了禮。敬完禮，三人隨之坐下。育英說：「今天我們上的是美勞課，這個美勞課很重要。」說完開始要點名，點名之前，先給每一位學生取名字。點完名，育英對德馨說：「妳很乖。」隨即拿了一張貼紙走到她身旁說：「妳不要動，我幫妳貼在這裡。」說完就把貼紙貼在德馨的左胸前。接著，育英指著安邦說：「你不乖。」又指著小杰說：「你很乖。」此時，青雲又吹起笛子，育英罵他：「上課，吹什麼吹？」安邦玩著抽屜裡的

東西。小杰對育英說：「把它沒收。」育英聽了照著去做。安邦就離開座位，走到旁邊的矮櫃。育英說：「小孩一定要乖。」接著發給德馨、小杰和琴妮彩色筆，他們面前都放著一張圖畫紙。育英說：「現在開始畫。」說完從青雲手上搶走笛子，然後繞到對面在小方桌前坐下說：「我現在當班長，青雲當老師。」青雲發貼紙給小朋友。

在上述的觀察中，筆者發現幼兒在進行角色扮演時，常常從扮演的情節中跳開，表現出和當時的扮演內容毫不相干之行為。不過整體而言，整個的扮演情節還是有脈絡可循。或許這也是幼兒遊戲的可貴之處──想玩什麼，就玩什麼。

五、遊戲行為的觀察者

教師必須仔細觀察，才能知道幼兒是否需要幫助，玩具與玩物是否吸引幼兒，教室的情境是否能引發幼兒遊戲的興趣。教師也必須仔細觀察，才能知道是否需要介入幼兒的遊戲，以及何時介入會比較適當。透過觀察，教師還能了解幼兒從遊戲中已經學到什麼、正在學習什麼，以及如何擴展其遊戲。下面提供三個觀察實例。

觀察實例 8-7

7 個月大的博聞開始出現類似爬行的動作，但他只會使用雙

手來移動身體。當他趴在地板上時，有時會將雙手抵住地面，再用力一推，以致於身體是向後移動。有一天，博聞趴在地板上玩著最吸引他的黑色相機袋子（觀察者所有），當他正要將袋子放到嘴巴時，媽媽見狀，立刻撥開袋子，袋子因而掉落在他的左前方。博聞用手肘抵住地面向前移動一步，拿起袋子。當博聞正要將袋子再次湊近嘴巴，媽媽又再次撥開博聞的手並拿走袋子，故意丟到他前方一小段距離。博聞用手肘抵住地面奮力匍匐前行，移動四步拿到了袋子。玩了一會，媽媽又將袋子放在稍遠的距離，博聞更快速移動取得了袋子。

註：引自陳淑敏（2016）。

　　從對博聞的仔細觀察，媽媽了解他在動作技能的發展水準及當時吸引他的玩物，而利用該玩物使博聞從只能向後移動身體，進步到能向前移動較長的距離，成功的提升其動作技能之水準。以下是另二個觀察實例。

觀察實例 8-8

　　江老師平日就有觀察幼兒遊戲行為的習慣，如此她才知道是否要去介入幼兒的遊戲。以下是她的記錄。

　　益智角新增了四子棋，小朋友們紛紛去拿來玩，老師仔細觀察一段時間之後發現，幼兒們並未將四子棋當規則遊戲玩。
　　6 歲的海珊把棋盤上的棍子插好後說：「這一排都要紅

色。」麗雯也將棍子立起來，將珠子插入說：「我們來建一個的。」海珊說：「好！第一排一個，第二排要兩個，第三排要三個。」說到一半，看到麗雯在第四排只插了兩顆珠子，趕緊說：「喂！喂！喂！第四排要四個。」海珊又把一排的珠子都插滿了說：「我們每一個都用像這麼滿好不好？」於是，海珊用藍色的珠子堆滿了一排，麗雯也將珠子堆滿了另一排。麗雯在串珠子時不小心掉落一粒，這粒珠子在棍子間不停的滾動，麗雯說：「噢！走迷宮耶！」海珊說：「我們來玩走迷宮好不好？」她看著麗雯，一面把珠子丟在棍子間讓它滾來滾去。麗雯將棍子拿起，將珠子一顆顆串上，一面說：「串香腸！」海珊看著她笑著。麗雯說：「像這樣拿著！」海珊就學她把珠子一顆顆串起來說：「妳看串香腸！好好玩的串香腸！」麗雯說：「我們來玩串香腸，每一個都是紅色。」海珊沒拿好，珠子掉在盒子裡。海珊說：「咻！咻！好像在溜滑梯。」麗雯把珠子穿入棒子內時，珠子旋轉著。麗雯說：「我們在玩串香腸轉圓圈。」海珊和麗雯把珠子串入棍子裡，再插在棋盤上。海珊串紅色珠子，麗雯串藍色珠子。麗雯都串滿了之後，把棍子拿起來放在嘴邊假裝要咬。海珊說：「等一下再吃。」麗雯說：「等一下再吃這個顏色（藍色）。」兩個人把串珠放在嘴邊發出「ㄎㄜ！ㄎㄜ！ㄎㄜ！ㄎㄜ！」的聲音，吃掉的珠子隨即滑落到盒子裡。海珊看麗雯的串珠都拿起來吃完（掉落）了，很高興地指著手裡的一支說：「哈！哈！哈！我還有一支。」麗雯把散落的珠子分類放在盒子兩邊的格子裡說：「我們來玩保齡球！」海珊說：「一邊是男生

踢的。」一隻手指著藍珠子，又說：「一邊是女生踢的！」麗雯問：「男生先，還是女生先？」海珊說：「都一樣，男生女生都是在踢的。」海珊把食指放在盒內攪動著：「踢足球，哎喲！女生快輸掉了！」麗雯也將手放入盒內：「哎喲！旋轉球！」

海珊用手指用力彈珠子，有顆珠子不小心跳彈出來。海珊大叫：「高飛球！」麗雯在一旁喊著：「女生加油！女生加油！」海珊說：「男生在給女生加油哇！」接著指著紅色的珠子說：「這邊當啦啦隊，是女生的。」海珊說：「啦啦隊加油！啦啦隊加油！」麗雯說：「耶！踢完了！」麗雯又指著紅色的珠子：「這是女生的啦啦隊！」海珊說：「我喜歡女生的啦！」海珊看著麗雯哀求：「拜託啦！女生的啦！」麗雯不說話。海珊說：「拜託啦！我再決定一下，好不好？」麗雯還是不說話。海珊說：「那我們不玩男生的，都玩女生的好不好？」麗雯點頭說：「假裝男生都在休息。」

麗雯說：「男生在休息，來串香腸好了！」海珊把五個藍珠子串在一起：「我投五個串香腸！」一面放嘴邊：「五個要大嘴巴才吃得完！」麗雯和海珊又把藍、紅珠子串在棋盤的柱子上。麗雯說：「我們來開店好不好？」海珊點點頭。又說：「我們還沒開店，剛在煮，紅的先煮，再放藍色。」麗雯拿來裝四子棋的盒子說：「我們來假裝這是煮的（鍋子）。」海珊說：「我們要幾點鐘開店？一點？」「太早了！」「二點？」「太早了！」「八點？」「好！八點。」麗雯剛回答完又轉口說：「七點好了，好不好？」海珊點點頭。

麗雯指著一邊心形的珠子說：「我們把那個當作火好不好？」海珊轉動珠子：「開火！呀！沒有電了！」麗雯說：「你要修理！」海珊又用手玩弄心形的珠子：「現在修好了沒有？」麗雯把珠子放在旁邊說：「放這個！」她把紅珠子倒在盒子裡。海珊說：「我們還沒煮它！」一會兒又從盒子裡拿出紅珠子，裝成在吃的樣子：「哇！好燙哦！」麗雯喊著：「炒青菜呀！紅蘿蔔呀！」一面搖動盒子。

觀察實例 8-9

　　觀察一段時間之後，江老師發現很多幼兒都只是把四子棋拿來進行想像遊戲或串珠珠的遊戲，她決定要介入，介紹不同的玩法給幼兒。在說明玩法後，江老師繼續觀察，她發現幼兒們的玩法和以往有所不同。

　　海珊和麗雯在猜拳：「剪刀、石頭、布！」海珊出剪刀，麗雯出布。海珊說：「耶！我贏了！我要紅色！」麗雯說：「我也要紅色！」海珊說：「我贏了！我可以先選！」她把一顆紅珠子放在棋盤的棍子上，說：「換妳了！」麗雯說：「等一下！我想一下！」海珊說：「妳可以從這邊跨過去，我從這邊跨過去！」麗雯立刻照著自己的意思下棋，沒有聽從海珊的意見。過了一會兒，麗雯說：「一條線了！」海珊不甘心地想立刻趕上，麗雯發現了，便說：「我堵住！」海珊的棋子因此無法四顆連成一線。

海珊也立刻下了一顆紅珠子在藍珠子的旁邊,說:「堵住⋯⋯」兩人很專心地下棋。

　　過了一會兒,海珊數著已連起來的四子棋:「一條、兩條、三條⋯⋯」麗雯沒有說話又下了一顆藍珠子,連成一條線。海珊急著說:「喂!喂!喂!妳在搞什麼呀!」麗雯沒有說話。海珊立即放下一顆紅珠子在藍珠子的旁邊,說:「堵住!」麗雯接著下了一顆棋,說:「走!」海珊也跟著下了一顆棋,接著說:「走!」麗雯說:「堵住妳!」海珊也下了一顆紅珠子堵住麗雯的珠子。麗雯有點不耐煩地說:「妳要走自己的,知道不知道?」又下了一顆珠子,海珊再下一顆紅珠子,高興地說:「耶!我滿了!」棋盤上幾乎下滿了,只剩兩個棋子的位子。海珊再下了一顆,說:「哼?走不下了。」麗雯把最後一顆放在柱子上,說:「堵下去。」海珊看看自己手中的珠子,說:「我只剩一顆而已!」麗雯也看看自己剩下的藍珠子,說:「我剩三顆!」

六、情感的支持者

　　教師對幼兒遊戲應提供情感的支持,尤其是年齡較小的幼兒,能使他們覺得安全而自在,放心去把玩自己感興趣的事物。對陌生人與陌生情境比較容易產生焦慮的嬰兒,情感的支持尤其重要。當嬰幼兒看到有趣的玩具卻仍躊躇不前,或因動作技能的限制而無法取得該玩具時,教師不妨透過眼神、表情或動作給予支持與鼓勵。以下的觀察

實例說明，教師如何提供因動作技能受限而無法達成目標的嬰兒之支持（Jung, 2013）。

觀察實例 8-10

　　12 個月大的家柔盯著架上的玩具好一會兒。老師見狀，對她說：「喔！上面有玩具喔！妳看不到喔！」家柔先搖一搖、拍一拍下層的玩具，老師發出：「Boom boom! Swoosh, swish!」的聲音，增加遊戲的趣味性。家柔玩了一會，還是嘗試去拿放在上層的玩具，但她拿不到。老師將家柔抱起，沿著架子移動，並說：「上面有什麼？你想要彩色筆和紙畫圖？喔！這裡還有叉子……」，家柔就這樣持續探索上層的玩具一段時間。

　　在上例中，教師注意到嬰兒對架上玩具的興趣，但並未立即加入她的遊戲，而是跟隨她的步調，伺機提供支持。當家柔的興趣轉移到架子上層，卻因身高限制無法取得玩具時，教師即將她抱起，協助她取得感興趣的玩具以盡情把玩。

七、遊戲活動的參與者

　　教師參與幼兒的遊戲，有時能提高幼兒對遊戲的興趣，增加在遊戲中的持續力，使得遊戲的主題不斷延伸，而提高了遊戲的複雜度。加入幼兒的遊戲，有時還能讓教師享受片刻與幼兒的愉悅互動。當幼兒使用肢體語言甚至口語，邀請教師參與其遊戲，這都是成人參與的

適當時機（Jung, 2013）。不過，教師宜保持消極的參與，避免成為
遊戲的主導者，當遊戲漸趨熱絡時，教師就應悄悄退出。

八、遊戲活動的引導者

當幼兒在遊戲中遭遇困難或瓶頸時，教師能透過提問或提示線
索、提供建議或示範，以幫助幼兒解決困難及突破瓶頸，提升幼兒遊
戲的層次與複雜度。成人何時及如何引導幼兒遊戲，留待下一節仔細
探討。

第二節　成人介入幼兒遊戲的時機與方式

成人觀察幼兒的遊戲行為、確定何時及如何介入，並且提供支持
是 Fröbel 教育思想的中心（引自 Skene et al., 2022）。請讀者先看看
下面的兩個觀察實例。

觀察實例 8-11

益智角最近新增了四子棋，江老師決定不告訴幼兒玩法，先
看看幼兒怎麼玩，再決定是否介入。以下是她所觀察到的情形。

6 歲的文中和 5 歲的華威將棋盤上的棍子擺好，隨意插入珠
子，有時放藍色，有時放紅色。華威要把珠子插入棍子時，不小

心把珠子掉落在棋盤上，他拿起一根棍子把珠子從棋盤中推出來。當兩人把所有的棍子和珠子在棋盤上擺好之後，兩人坐著看了一下。華威看著放珠子的木盒，把珠子放在木盒裡的溝中說：「這裡還可以用耶！」但是當他放入第四顆時，珠子卻拿不上來了。華威叫道：「啊！卡住了！」文中說：「不是這樣啦！」就把棍子串了一顆珠子後，放在盒子的一邊擺好，然後沿著盒子的邊緣再放四個。當他排到第五個的時候，手不小心碰到前排的棍子，棍子隨即全部倒了。文中說：「啊！壞了！」華威學著文中把珠子沿著盒子的邊緣擺上，但沒有插上棍子。文中說：「要有棍子，這樣比較好看！」接著又在棍子上插珠子。華威也拿著珠子要放，卻又不小心碰翻了。文中叫道：「唉喲！」他生氣地看了華威一下，華威卻只是笑笑。文中試著將兩顆珠子插入棍子，再沿著盒子邊緣排列，又連續放了好幾排，當他想在棍子上加上第三顆珠子時，又碰翻了。文中叫道：「又倒了！」華威一邊手抓著珠子，一邊看著文中在做什麼。文中說：「我只要放棍子就好了。」但是棍子不能直立在盒子裡，一下子就倒了。文中說：「把這裡都放圈圈。」他指著盒中的溝又指著旁邊的框說：「這裡都放珠子。」華威把珠子丟入木盒的櫃中，也不管珠子是什麼顏色，紅藍珠子混雜在一起。文中把棍子放在溝中，華威把一顆珠子放在放棍子的溝中，珠子沿著溝緣滾動。

　　華威又放入第二顆珠子，邊撥動珠子邊說：「好好玩喔！你看！」文中看了一眼，發現框中的紅藍珠子混雜在一起，便對華威說：「紅色放這，藍色不要放這裡。」說完一邊把紅藍珠子挑

出，分別放在兩邊的框裡，華威也跟著把紅珠子挑出。文中又將棋盤插上棍子，再串上珠子。此時，華威把珠子串在棍子上，在桌面上滾動著。文中看了說：「你在玩推土機啊！」華威笑笑收了起來，要幫文中串珠子，文中把每排的棍子上串了兩顆珠子，當華威又要加珠子時，文中說：「不要加，只要放兩個就好了。」華威只好把珠子拿下來。文中把沒有放珠子的棍子放在木盒中，華威也跟著把紅珠子沿著盒緣排成一條線。文中正拿著藍色珠子在盒內的框中排著，排了一個三角形。華威也跟著在他那排紅珠子上排更多珠子。文中看了連忙伸手去拿。華威急著說：「拆掉幹什麼呀！你！」文中說：「排三個就好了啦！」兩人繼續推珠子變成三角形。文中和華威把多餘的珠子再串入棋盤上的棍子裡。

觀察實例 8-12

　　觀察一段時間之後，江老師發現幼兒會去拿四子棋操作，但都不是依照原訂的規則遊戲，例如：很多幼兒只是把珠子串入木棍中玩起串珠珠的遊戲。因此，江老師決定介入，讓幼兒知道更多的玩法。江老師告訴幼兒：「立體四子棋是由紅、藍珠子各三十四顆，棋棒十八支所組成。玩法是先將十六支棋棒插好，兩人各選一色珠子，輪流將自己的珠子插入棋棒。先將四顆同色的珠子串成一直線者，就算贏。」接著，她繼續觀察幼兒的玩法，以下是她的紀錄。

經過江老師的引導，文中和華威把棋盤擺好後，文中說：「我要藍的！」這時，華威也搶著藍珠子說：「我要藍的！」文中說：「不然我們猜拳！」華威說：「好嘛！剪刀、石頭、布。」文中出剪刀，華威出布。文中得意地說：「你死了！」說完拿了一顆藍色的珠子放在棋盤上。華威只好說：「我紅隊！」於是也拿了一顆紅珠子放在棋盤上。文中拿了一顆紅珠子要放，華威急忙說：「拿紅的幹什麼？」文中笑了笑說：「拿錯了。」繼續下棋。不久，文中又拿了紅珠子，華威生氣地說：「你不能拿紅的。」文中笑了笑，兩人繼續。文中正把華威的三顆珠子擋住，華威急忙說：「你排你自己這邊呀！你不要一條線哦！」文中不說話，又下了一顆珠子說：「我兩條線！」華威也跟著下了一顆說：「我也兩條線，我快要贏你了。」文中又放下一顆藍珠子說：「誰怕誰？烏龜怕鐵鏈，蟑螂怕拖鞋！」華威也不甘示弱地說：「我下這裡，你死定了啦！」文中又說：「我好多條線，我三條線！」說完要拿珠子，不小心又拿了紅色。華威馬上喝道：「幹嘛拿我的紅色啦！」文中連忙換珠子再下了一顆。華威拿著紅珠子看著棋盤不說話，文中催促道：「快點啦！」華威放下一顆珠子說：「我也三條線。」兩人一面下棋，文中一面嚷著：「幹什麼？」華威也跟著喊：「幹什麼？」下了一顆珠子。文中指著棋盤上的一處說：「你要擋我這個呀！」華威把剛下的珠子拿起，放在文中說的位置上，文中趕緊又下了一顆珠子連成一線。文中說：「我會下陷阱喔！哈哈！誰怕誰？烏龜怕鐵鏈，蟑螂怕拖鞋！」華威一急，連忙下了兩顆珠子。文中看到，急忙

說：「不可以出兩個！」趕緊把華威的一顆珠子拿起來，換上自己的。他又指了一個位置讓華威看。華威隨即跟著文中的指示放了一顆珠子。文中又下了一顆藍珠子說：「你不要上我的當，嘿！嘿！我贏你了！你看上面很多條！我還是贏你啦！」文中比畫著已經串成一條線的四子棋。華威也開始找尋自己的，說：「我這裡還有一條，我有兩條而已。」文中說：「你三條我早就指過了。哈！哈！」華威仍不死心，一直盯著已下完的棋盤，不斷數著，比著自己的紅珠子。華威說：「這裡也有一條！」文中說：「這條已經用過了，不能用了。你差我一條！」華威還是不斷地數著：「三條，然後四條。」文中聽了就說：「來啦！來啦！我看啦！」華威指著一條紅珠子連成的四子棋說：「你看有紅的了。」文中說：「不是啦！我贏了！」

過一會兒，文中看看自己手上的一顆珠子和華威的三顆說：「你差三顆！」華威笑了笑不說話，把珠子放在木盒中。文中把珠子放在盒子裡，邊用手撈邊說：「你看我閉眼也知道哪顆是紅的。」隨即閉眼抓了一顆。華威看了看他手上的紅珠子笑著說：「你瞇瞇眼！」他又低頭看了看排完了的四子棋說：「我這裡過去……一，二，三，四條！」文中問：「你還看什麼？」華威比了比他的紅珠子。文中也幫他數：「一條，兩條，三條，四條……五條。你五條，你跟我一樣多。」華威也笑著說：「我們兩個都一樣多條啦！」

經過江老師指導之後，幼兒才開始玩起下棋的遊戲，由平

面、立體、各角度去組成四子棋。有時幼兒下完棋子之後，會找其他幼兒一起數數看連成了幾條線。

雖說成人最好不要介入幼兒的遊戲，但是有些時候成人技巧的介入，卻能使逐漸降低的遊戲興趣再度恢復，使得遊戲活動得以持續，並使遊戲內容更為豐富。這樣的介入所產生的效果，甚至可以持續到成人退出遊戲之後（Christie, 1983; Smilansky & Shefatya, 1990）。

雖然已有一些研究顯示成人適當的介入有益於幼兒的遊戲，但是根據調查顯示，教師每天花費在與幼兒遊戲的時間，平均只占課堂時間的 2 至 6%（Johnson et al., 1987）。在自由遊戲的時間，很多教師不知道該做些什麼。有些教師只是警戒地看著幼兒以防發生意外，有些教師則利用這段時間準備下一個教學活動，還有一些教師乾脆和同事聊天。只有少數教師了解遊戲對幼兒的意義，因而會仔細觀察幼兒的遊戲內容。但是在這少數的教師之中，仍然有一些人並不清楚自己是否能夠介入以及應該如何介入幼兒的遊戲。以下首先探討教師介入幼兒遊戲的時機，其次探討教師介入幼兒遊戲的方式。

一、介入的時機

首先來看一個觀察實例。

觀察實例 8-13

　　婷和幾個孩子將繩子圍成一個 U 字形，然後全部擠入繩子所圍成的U字形裡面。婷當火車頭，邊走邊對著大家喊著：「誰要坐火車喔？誰要坐火車喔？」宸見狀，跑過去：「我要坐」，拉著繩子的孩子很有默契地拉高讓宸進去。瑀見狀也跟著要進火車，婷卻說：「太多人了，妳不能坐。」其他的孩子也異口同聲跟著說：「對！太多人了，妳不可以進來。」瑀一句話也沒回，繼續跟在火車後面繞了兩圈。老師見狀，對著車中的孩子說：「我想坐火車，還有位置嗎？」孩子們很高興地說：「有」，很快地拉起繩子讓老師進去。瑀跟著要進去，但宸一把推開她說：「妳走開啦！」瑀只好跟在火車後面。繞了兩圈，老師說：「停！我家到了！我要下車，換瑀上車。」有些孩子說：「好！上車。」有的說：「不好！」（反對的人數減少了），但是還是拉起繩子讓瑀上了車，瑀終於露出了笑容。

註：引自方金鳳（2004，第 115 頁）。

　　教師見到瑀老是被排擠，且又不善表達，因此對她伸出援手，介入幼兒的遊戲。在教師有技巧的引導下，幼兒終於接納讓她加入遊戲。老師的介入不但使被孤立的幼兒有參與遊戲的機會，也使其他幼兒能接納別人，改善了同儕之間的互動關係。

　　由上例可見：教師在適當的時機介入幼兒的遊戲，可以幫助社交能力不佳的幼兒被同儕接納參與群體遊戲的機會。因此，教師有必要選擇適當時機介入幼兒的遊戲。至於哪些狀況才是教師介入的較佳時

機呢？綜合遊戲學者的觀點及遊戲研究的發現，大致有下列幾個情況：

1. 幼兒經常獨自遊蕩、做白日夢或只是旁觀，既不玩玩具，也不和他人互動時，教師的介入可以幫助經常孤立的幼兒，增加社會參與的機會（Trawick-Smith, 1994）。

2. 遊戲中幼兒不能和他人合作時，成人的介入能增進利社會行為的產生（Smilansky & Shefatya, 1990）。

3. 幼兒不能專注而持續地進行遊戲，而經常轉換活動時，教師的參與能提高幼兒的興趣與專注力，使遊戲時間較為持久，遊戲層次因而提升（Dunn & Wooding, 1977; Sylva et al., 1980）。

4. 當教室裡大多數的幼兒只是進行簡單而重複性的遊戲時（例如：反覆地堆疊與推倒積木、反覆地搖動搖椅上的玩偶、心不在焉地翻書，眼睛卻看向他處），教師有必要介入，引導幼兒進行比較高層次的社會劇遊戲與建構遊戲，以增進社會與認知的發展（Johnson et al., 1987）。

5. 當出現可以教導的時機時。在遊戲當中，隨時會出現學習新概念與解題方法的時機，這些機會稍縱即逝，除非教師能把握這些機會提出適當的問題、建議或鼓勵。教師給予幼兒暗示幫助解決問題，拋出問題引發幼兒思考，透過這些方法，幼兒所獲得的學習，比正式教學更能持久（Stallings, 1975）。

6. 當幼兒邀請教師共同遊戲時。當成人的參與能使遊戲更為有趣時，幼兒會邀請教師參與遊戲，這時教師應把握機會接受

邀請。除了幼兒的邀請，對缺少單獨與成人互動機會或遭遇生活上重大變故的幼兒，教師不妨主動加入其遊戲。從與幼兒共同遊戲之中，教師可以了解幼兒的情緒困擾、社會能力與思考方式。透過遊戲，教師與幼兒也能更為親近。

二、不宜介入的時機

雖然成人介入幼兒的遊戲有很多好處，但是成人必須了解過多或不當的介入仍然有害。下列有幾個情況，成人就不宜介入幼兒的遊戲：

1. 當幼兒們正彼此合作玩得起勁，並且使用豐富的語言與各種方法解決問題時，成人的介入很可能是一種干擾。回頭檢視第三章的「觀察實例 3-6」可看到，當一群幼兒正熱絡地進行扮演時，教師突然提供一盒軟糖給扮演醫生的幼兒，導致幼兒只顧著向醫生要糖吃，且彼此發生爭執，遊戲因此暫時中斷。教師不當的介入，不但干擾了幼兒的遊戲行為，也造成幼兒之間的衝突。

2. 當幼兒正陷入思考中，或積極地進行高層次的遊戲時，成人的介入可能使遊戲中斷。成人若要介入，最好等到活動轉換的時刻（當幼兒跳出想像的情境時、剛剛解決了一個問題時，或暫停遊戲準備討論時）。

3. 當幼兒不願意讓成人參與時，成人應尊重幼兒的意願，不要強行介入幼兒的遊戲中。以下是兩個很好的觀察實例。

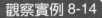

觀察實例 8-14

　　四個 5 歲幼兒在戲劇角，假裝開餐館。老師坐到餐桌前，假裝要點菜。

　　老師：嗯嗯……，好香喔！我好餓！我可以點菜嗎？

　　秋芳：對不起，沒菜了。

註：引自 Trawick-Smith（1994）。

觀察實例 8-15

　　四位幼兒正在玩抽鬼牌，老師走了過來，並未先看看幼兒們在玩些什麼，開口就問：「你們要怎麼玩？」幼兒們默然不語。老師說：「不然，你們玩排七吧！」老師把牌發下去，接著問建邦：「你有沒有七？」建邦搖搖頭，走掉了。然後劭華也跟著離開，最後剩下兩個人。老師說：「只有兩個人不能玩，要四個人才好玩。」說完，老師也走掉了。

　　遊戲的可貴在於它是由幼兒自己計畫與調整的活動，因此成人不宜過度介入或干涉幼兒的遊戲。尤其是幼兒不願意讓成人參與的時候，成人就不要強行介入幼兒的遊戲之中。成人若要介入，也必須先仔細觀察選擇適宜的時機介入。對於那些特別倚賴成人、經常要求成人參與其遊戲的幼兒，成人就要鼓勵或引導他們參與其他幼兒的遊戲（Trawick-Smith, 1994）。

幼兒遊戲

三、介入的方式

　　成人如何介入幼兒的遊戲，宜視幼兒遊戲的類型而異（Johnson et al., 1987; Rogers & Sawyers, 1988）。以下探討在不同的遊戲類型中，成人介入的方式。

（一）功能性遊戲

　　若幼兒經常進行功能性遊戲，成人可以平行遊戲的方式介入。其方法是靠近幼兒進行與其相同的遊戲，而不與之交談。透過這樣的遊戲方式，幼兒可以感受到成人對遊戲的認可與支持，因而比較專注於遊戲上。此外，幼兒也可能注意到成人如何遊戲，而學到不同的遊戲方法（Wood et al., 1980）。

（二）建構遊戲

1. 以問題激發幼兒去思考與創造解決問題的方法

　　正式教育強調唯一的正確答案與解題方法，然而現實生活中的問題，往往不是只有一個解決方法。我們應該鼓勵幼兒做擴散性的思考，學習以不同的方法去解決問題。多問幼兒「如果……，就……？」、「我們如何能……？」等開放式的問題，可以刺激他們做擴散性的思考。提供充足的材料，並且鼓勵幼兒多做嘗試，而不要急於得到答案。

2. 與幼兒進行平行遊戲

　　靠近幼兒進行相同遊戲，而不與之交談。透過這樣的遊戲方式，幼兒遊戲的專注力可能比較持久，幼兒也可能注意到成人的遊戲方式，而學到不同的遊戲方法（Wood et al., 1980）。

3. 共同遊戲

　　成人與幼兒共同遊戲（co-playing），由幼兒控制遊戲的進行而不教導幼兒如何遊戲。成人主要是回應幼兒的評語與行動，偶爾也透過問題與意見，使遊戲得以延伸。當幼兒進行遊戲一段時間，而陷於停頓時，成人能巧妙地引入某些玩物或意見，使遊戲再度活絡起來。

（三）象徵遊戲

1. 透過提示與問題增進角色的複雜性

　　有些幼兒由於生活經驗的貧乏，總是扮演某一、二個角色。也有些幼兒受到電視節目的影響，反覆扮演相同的流行卡通人物。教師不妨透過提示與示範，使其角色較多樣化。下面是一個很好的觀察實例（引自 Trawick-Smith, 1994）。

觀察實例 8-16

戲劇角放著一個紙箱做的飛機。5歲的維哲坐在箱子裡假裝在開飛機。他口中不斷發出引擎的聲音，身體隨著前後搖晃。他一直重複這個動作。老師觀察了好一會兒，決定介入。

教師：你需要一位駕駛幫忙嗎？

維哲：什麼？

教師：駕駛員通常有另一位駕駛員幫忙開飛機。我可以幫你操縱儀器。

維哲：好！坐這裡。（指著大箱子裡的另一個位子）

教師：我來檢查儀表板，看看還有沒有油。

維哲：不可以，我來檢查。（看看畫在箱子上的儀表板，發出聲音，用手作勢按按鈕）有！還有一點油。

教師：我來檢查雷達，看看我們飛的方向對不對。外面雲很多，看不太清楚。

維哲：雷達在哪裡？這個嗎？（指著畫在箱子上的羅盤）

教師：是啊！那是我們的雷達。你要不要檢查看看？

維哲：好！（再度假裝按按鈕和轉動羅盤）喔！我們飛錯方向了。

教師：我們可以和機場的塔臺聯絡。

維哲：好啊！（對著一個假的收音機說話聯絡塔臺）我們要降落了，可是我們看不清楚，你能不能幫我們？

教師：塔臺的人怎麼說？

維哲：他們說可以降落了，我們飛對了。

教師：我們什麼時候降落呢？

維哲：我要降了！（發出引擎聲做出手勢）到了！

教師：好棒喔！我要下飛機了。

維哲：好！（再度發出引擎聲，假裝起飛。操縱儀表，對著收音機說話。）

2. 遊戲引導

遊戲引導的方式有二：

(1) 教師不加入幼兒的遊戲中，適時透過言語表達對幼兒遊戲的肯定與欣賞，或給予評語和建議（Meacham et al., 2014; Smilansky, 1968）；值得注意的是，教師的建議應針對幼兒在遊戲中所扮演的角色，而非現實社會中的角色（Smilansky, 1968）。此外，教師也可以透過遊戲素材與道具的提供，引導幼兒創造特定主題的幻想遊戲（Meacham et al., 2014）。

(2) 教師擔任某一個角色，實際參與幼兒的遊戲。在扮演這個角色時，教師可提供幼兒不曾表現過的社會戲劇行為楷模，或是由教師擔任主要的角色，以行動和說明主導遊戲的進行。另有研究建議，教師可使用假扮的言談，間接指導或重新定位遊戲的走向，或在遊戲中注入新元素（Meacham et al., 2014）。

以下提供一個很好的觀察實例。

觀察實例 8-17

這週的單元是「好吃的蔬菜和水果」，娃娃家放了很多新鮮的蔬菜和水果，還有一臺壓果汁的機器。文姬把水果放入壓汁機中，壓好之後再倒入一個一個的小紙杯，然後賣起果汁來。來買果汁的幼兒很多，一杯一杯的果汁很快就被喝完了。文姬又繼續忙碌的壓果汁，幼兒們喝完後一個一個離開了。張老師見狀決定介入。她走過去，坐在椅子上。文姬問老師：「你想要喝什麼果汁？」老師回道：「老闆有沒有菜單可以看啊？我不知道要喝什麼。」文姬馬上去拿了菜單來給老師看。老師指著菜單說：「我要喝這個檸檬汁。」文姬拿筆在紙上畫記「—」，然後轉身去壓果汁。壓好之後，文姬把果汁端給老師。老師喝著果汁，文姬又回頭忙著壓果汁。看到這個情形，老師拿起櫃臺上的電話說：「喂！我不是老闆啦！你要找老闆喔！你等一下！」老師對文姬說：「老闆，你的電話，有人要訂果汁！」文姬在百忙之中轉身接電話，拿起菜單邊畫邊說：「喔！你要三杯檸檬汁，兩杯柳丁汁是不是？我知道了。」

在上述的遊戲中，剛開始幼兒只是壓果汁和賣果汁，不停地重複相同的遊戲行為。張老師的介入，使戲劇遊戲導向點果汁和以電話訂貨，使戲劇遊戲趨於複雜。

3. 遊戲指導

　　遊戲指導（play tutoring）通常用來教導幼兒進行社會劇遊戲的技巧。指導的過程包括三個連續的步驟，這三個步驟可依時間需要彈性調整，可分成好幾天扮演：

　　步驟一：教師對幼兒讀故事，和幼兒討論故事內容。

　　步驟二：教師分配角色給幼兒，幫助他們以敘述故事的方式演出，必要時提示臺詞，偶爾也可擔任其中一個角色。

　　步驟三：扮演整個故事，幼兒交換角色再扮演。教師淡出，完全由幼兒自行扮演。

　　Saltz 與 Johnson（1974）建議，扮演時盡量減少使用道具和服裝，使幼兒能專注在故事的情節。這種遊戲指導比前二種遊戲引導的方法更具結構性，扮演時角色是事先派定的，故事情節也是事先擬好的。透過這樣的訓練可以使缺乏社會劇遊戲行為的幼兒，提升其角色扮演的能力。

　　Saltz 與 Johnson 的建議似乎有其道理，從第三章的「觀察實例3-5」和「觀察實例3-6」可以看到，同樣在進行「看病」的遊戲，但因教師所提供的道具和服裝種類與數量不同，幼兒表現的遊戲行為層次也有不同。在 3 歲班的教室，除了手偶狗之外，都不是買來的玩具，包括：自製的頭套、防燙長手套改成的鯊魚，另從生活中取材的紙片、塑膠袋、空餅乾盒；但在 5 歲班的教室，則充滿玩具、道具和服裝，包括：真實電話、玩具電話、積木、塑膠小珠子、病床、玩具流理臺，以及家長提供的護士服和警帽。3 歲班的幼兒在扮演中，常常沒有使用物品，或純粹使用動作表徵某種行為，例如：按遙控器、

幫小狗刷牙、講電話；或純粹以口語述說表徵某種行為，例如：「我要拿哆啦 A 夢牙膏，我們牙刷沒有了」、「這裡，這裡流血了呢！這裡流很多血」。即便使用物品，也幾乎都是從生活取材而不是買來的玩具，例如：當成藥的紙片、當做床的硬紙板、當成搖籃及看診檯的空餅乾盒、當成鯊魚的防燙長手套。相較之下，在 5 歲班的教室中，因為玩具、道具和服裝充斥，幼兒幾乎沒有出現純粹以動作來表徵現實生活行為的事例。以所使用的物品與其所表徵的物品在形狀或功能上之相似度來看，除了鏡子和 X 光機的相似度較低（或許是了解不足），其他的表徵物與被表徵物之相似度都較高，例如：電話還是當電話使用，電話當成麥克風，小圓珠和塑膠小積木當藥。或許，提供適量而非過量的玩具，比較能激發幼兒的想像力。

創造「社會劇遊戲」一詞的 Smilansky 觀察到，在以色列，來自北非的移民之子（大都來自弱勢家庭），很少進行社會劇遊戲，而他們在學校的成績也普遍落後，因此招募這些兒童，給予遊戲指導。經過一段時間的指導之後，他發現這些兒童不但在學校的成績進步，而且智商也顯著提高。從上述遊戲指導的三步驟可知，透過遊戲指導，幼兒不但能獲得與成人共讀圖書之機會，還能從討論中獲得對故事內容更深入的了解，而透過實際扮演，能更熟悉故事內容與情節（Smilansky, 1968）。

前面所舉筆者觀察的實例幾乎都是扮演幼兒日常親身經歷或可觀察到的生活情節，其扮演大致都很流暢。相較之下，要扮演童話或虛構故事，也就是進行主題幻想遊戲，若沒有前述的教師指導，幼兒的扮演可能就不是那麼順暢。看看以下的觀察實例。

觀察實例 8-18

情境：在鋪著木板的午睡室，最裡面的牆壁整面鑲著鏡子，鏡子前放著兩塊大坐墊。午睡室左側放著一張床墊，床墊旁有一個大紙箱做成的房子。一群 5 歲幼兒，大部分都戴著不同的頭套，或坐或站或跑來跑去。穿著拖地長裙拿著仙女棒的欣欣扮演白雪公主，戴著頭冠的松青扮演國王，穿著暗紅色吊帶長褲戴著頭環的力宏扮演王后，穿著藍色襯衫打著領帶也戴著頭環的志穎扮演王子，戴著頭環拿著積木組合之長槍的小信扮演獵人。另外，還有戴著熊頭套的小雄，戴著鸚鵡頭套的小武，戴著青蛙頭套的小巧，還有一些沒有特殊裝扮的幼兒。

遊戲歷程：

白雪公主對著國王說：「啊！你坐在這裡ㄌㄟ。」走向站在另一頭的王后說：「啊！那個王后坐在這裡。」又走回坐墊前，問：「啊！我要坐在哪裡？」國王回答：「坐這裡。」

過一會兒。白雪公主對王后說：「假裝妳有一個魔鏡啊，對不對？」國王說：「不是有一個魔鏡嗎？」白雪公主說：「對啊！沒有魔鏡啊。」王后愣愣地站著，沒有反應。過一會兒，白雪公主又說：「妳去告訴林老師妳沒有什麼東西，妳去告訴林老師說/」站在遠處的林老師說：「壞王后，妳的魔鏡在後面。」白雪公主轉身，用仙女棒點著鏡子，大聲而急切地說：「這個！這個！這個！」此時，王后正與其他幼兒聊天，未回應。白雪公

主用仙女棒拍拍王后，再點著鏡子說：「妳的魔鏡在這裡啦！」
王后轉身愣愣地看著白雪公主，白雪公主說：「那個啦！你幹嘛
一直看我？」王后問：「哪一個？」白雪公主邊用仙女棒大力擊
點鏡子，邊急切地說：「那個啊！那個啊！魔鏡，就是那個啊！
這個就是你的魔鏡，這麼大一個還沒看到？」王子說：「妳要跟
它講話啊！」白雪公主附和說：「妳要跟它講話啊！講啊！講！
講！講！」王后靦腆地看著白雪公主未開口。王子說：「就講說
誰是世界上最美的人。」白雪公主附和說：「對啊！」王后回
答：「那是我要講的。」白雪公主說：「因為.因為你要問魔鏡
啊。」王后說：「魔鏡啊！魔鏡！」白雪公主說：「對啊！它會
告訴你啊，正確的是誰啊。」王后說：「[…]它不會說話。」

　　坐在坐墊上的國王對王子說：「你看到一個獵人，你就來報
告國王。」王子回答：「好！」王子和王后離開。白雪公主問：
「那我要在哪裡啊？」國王回答：「那妳就坐在我旁邊。」國王
面前的小雄和小武正玩鬧著，國王問：「怎麼了？怎麼了？」小
雄回答：「他們兩個一直在攻擊我啦。」國王說：「等一下喔，
等一下，我叫王子來。」國王大叫：「王子！王子！」沒有回
應。國王對跳到他面前的青蛙說：「青蛙去找那個…邱億那個.
他們兩個.他們兩個.」青蛙大步跳離。國王對著遠處的熊和鸚鵡
說：「青蛙叫你過來。」一群幼兒回到國王面前。

　　過一會兒，王子大聲說：「國王！有獵人！」國王問：
「誰？」王子和鸚鵡指著遠處說：「他！在外面。」國王說：
「[…]」獵人拿著積木組合之長槍，走到國王面前。幼兒七嘴八

舌，扮演似乎停頓。一直坐在國王旁邊的白雪公主說：「這樣？不是這樣演吧？」王子問：「那是怎麼樣演啊？」白雪公主大聲說：「你們亂演哪！你們亂演！」一名幼兒說：「妳要跟它說話啊！」白雪公主說：「怎麼演？怎麼演？怎麼都沒有人在問魔鏡？」王后走近，白雪公主直視王后，生氣地說：「妳怎麼都沒有在問魔鏡？」一名幼兒說：「對啊！」白雪公主說：「它不會講話，你可以假裝那個人在講話，然後再講一次啊..有什麼關係？…你可以對著它講話，如果它真的不會講話，妳還可以再假裝自己是它，自己跟它…自己講啊，有什麼關係啊？以前我也是這樣玩ㄟ。」一名幼兒說：「對啊！」白雪公主附和說：「對啊！妳可以這樣玩啊。」王子說：「她哪是巫婆？她是皇后。」白雪公主說：「她是皇后。皇～后～（親暱地叫著）。」

　　國王一手推了一下白雪公主，另一手指著前面說：「[…變…]」白雪公主問：「可以變嗎？」國王說：「假裝變，假裝變。」白雪公主說：「把小武變成一隻兔子。」小武走近，國王說：「來！過來！」國王抓住小武的雙手，說：「把他關起來。」王子說：「好！關起來。」邊說邊在國王與小武的雙手之間比畫一下。國王說：「我會殺死你，去叫獵人來。」白雪公主拉長聲音大叫：「獵～人～」在國王面前的青蛙隨即跳離。白雪公主說：「我去叫獵人。」王子走來，說：「我先去叫。」說著，離開國王。

　　王后來到國王面前。白雪公主拿著魔棒指著小武（鸚鵡）說：「趕快給這個殺死。」國王說：「變成一個很小的球。」白

雪公主說：「快點！壞皇后。」白雪公主的魔棒又指著小武邊點邊說：「變！變！變！」國王說：「你變成一個小螞蟻了，因為[…]」小武問：「小螞蟻也是動物嗎？小螞蟻也是動物？」白雪公主說：「也是。」國王說：「你現在是螞蟻了，你要被踩死了。」小武趕快跑走，一群人跟著散去。

　　過一會兒，白雪公主說：「這樣子…小鳥又不飛了，這個世界上可以很快樂嗎？」國王看著遠處其他幼兒，未回應。白雪公主又說：「爸爸！爸爸！現在小鳥都不飛了，而且.. 而且他們都/」國王說：「你去把我們的小矮人給叫醒。」白雪公主說：「好！」說完，走向附近的床墊。白雪公主對著躺在床墊的兩名幼兒大聲說：「小矮人！起床了，你們要小心一點喔！」兩名幼兒隨即起身，跟著白雪公主走到國王面前。國王說：「你們起來了。」白雪公主說：「你們一直睡覺。」國王指向前方遠處對這兩名小矮人說：「他們也是抓到你們了，你們不要睡了。」白雪公主說：「對嘛！你們要小心一點，要趕快跑啊，躲進你們的房子裡嘛。」兩名小矮人隨即跑回紙箱做的房子。

註：引自陳淑敏（2002）。

　　以上 6 分 44 秒的連續紀錄是某幼兒園進行「白雪公主」主題幻想遊戲的片段，該遊戲總共進行了 31 分鐘，除了一開始幼兒主動請求教師提供魔鏡之外，教師都沒有介入。筆者只擷取這個片段，是因為後續的扮演幾乎都是重複相同的內容。整個扮演和白雪公主的童話故事內容相去甚遠。在實際扮演前，幼兒應該已經聽過故事，從幼兒

所戴的頭套推測，角色也在事前已分配好。但為何實際的扮演和童話故事內容有這麼大的差異，而且扮演過程一再停頓？

　　許多教師常常在讓幼兒聽過故事或看過故事影片及做簡單討論後，就要求幼兒針對故事內容進行扮演，結果幼兒的扮演大都出現類似上例的情況。在上例中，擔任白雪公主的欣欣似乎記得較多故事內容，且語言表達能力較佳，因此常常跳脫所扮演的角色，而變成遊戲指導者，教導其他幼兒如何扮演，例如：她教導力宏如何轉換角色，扮演壞皇后且假想自己是魔鏡，以創造彼此之間的對話。然而，力宏或許是無法將整面的落地鏡想像為故事中的橢圓形小鏡，也可能是無法想像對著鏡子說話卻得不到回應的情況，致使這段情節沒有扮演出來，而接續的故事情節也難以進行。又如：當國王呆坐在寶座上而扮演似乎停頓時，欣欣主動創造出一些臺詞，期使扮演遊戲再度活絡起來。但是，或許欣欣的話語（「這樣子…小鳥又不飛了，這個世界上可以很快樂嗎？」）超乎國王的想像力，致國王無法接腔，當欣欣重述其話語時，國王截斷其話語顧左右而言他。整段扮演，國王所說出的臺詞大都是召喚他人，或是派人去抓人及攻打別人。

　　從上例可見，幼兒要進行故事扮演，或者進行社會劇遊戲（更精確地說，是進行主題幻想遊戲），需要成人的指導。成人可以參考前述遊戲指導三步驟，先使幼兒熟悉故事內容，進而分段討論及演出各橋段，最後再演出整個故事。前面提到 Smilansky 對弱勢家庭兒童進行的社會劇遊戲實驗研究即是如此。可見，聽過故事及做簡單討論，是無法讓幼兒記得所有的內容，當然更不可能將故事加以演出。

（四）規則遊戲

近年來桌上遊戲逐漸流行，不只桌遊的產品迅速增加，甚至還有教導如何玩桌上遊戲的專賣店。大部分的桌上遊戲屬於規則遊戲，學齡前幼兒能否進行像桌上遊戲這類的規則遊戲？Piaget 發現，學齡前幼兒不了解也不在意規則，他們在遊戲中常自訂規則，只在乎輪流及從遊戲中獲得樂趣（引自陳淑敏譯，2010）。事實上，筆者多年在幼兒園觀察，常見前述的情況。不過，成人若適當引導，4 歲和 5 歲的幼兒也能遵照規則進行遊戲（參見「觀察實例 8-11」和「觀察實例 8-12」）。成人如何引導幼兒進行規則遊戲，引導時應注意哪列原則，以下提供參考（高敬文、幸曼玲等人，1999；Rogers & Sawyers, 1988）：

1. 讓幼兒自願參與：教師可以提議，但不要強迫。

2. 依據幼兒的年齡適度地更改規則，讓幼兒積極參與：例如：3 歲幼兒缺乏輪流與交換的觀念，因此給他們玩搶椅子（musical chairs）遊戲，椅子的數目最好和人一樣多。4 歲幼兒傾向於只關心自己所做的事情，因此在搶不到椅子時，他們會有被排除的感覺，教師不妨適度修改規則，讓搶不到椅子的幼兒，仍可繼續玩遊戲。

3. 提供多樣化的遊戲，以增進幼兒各方面的發展：有些規則遊戲可以增進幼兒的數數能力（例如：大富翁），有些可以增進幼兒的語文能力（例如：文字賓果），有些可以增進幼兒的體能技巧（例如：大風吹）。

4. 讓幼兒自己評定成績：幼兒在遊戲中自然會關心遊戲是否成功，因此遊戲的結果應是明顯的，讓幼兒能自行評量其成就，教師避免權威的介入。

5. 保持遊戲的趣味性，不要強調輸贏：當幼兒過分關心輸贏時，就很難以輕鬆的心情去玩遊戲，遊戲就失去了它的趣味。相對的，幼兒若能以輕鬆的心情玩遊戲，也就比較能放膽去嘗試各種方法和策略，因而學到解題的技巧。

6. 保持適度的挑戰性：當幼兒已經嘗試過所有的玩法而對遊戲感到厭倦時，不妨建議幼兒改變遊戲規則，使遊戲的難度提高，增加其挑戰性。

7. 共同遊戲：教師與幼兒共同遊戲，由幼兒控制遊戲的進行而不教導幼兒如何遊戲。教師主要是回應幼兒的話語與行動，偶爾也透過問題與意見，使遊戲得以延伸。在幼兒進行遊戲一段時間而陷於停頓時，教師若能巧妙地引入某些玩物或意見，能使遊戲再度活絡起來。

以下是一個很好的觀察實例（引自 Trawick-Smith, 1994）。

觀察實例 8-19

　　老師和兩位兒童（7歲）正在下棋，他們以擲骰子決定移動棋子的步數。老師的棋子暫時領先。

　　子翔：嘿！我快贏了！

　　老師：怎麼說呢？現在是我領先啊！

　　子翔：對啊！不過你剛剛丟過骰子，現在輪到邦宇，然後就

輪到我，我就贏了。

老師：喔！你是認為下一輪你會贏？

子翔：對啊！輪到我的時候我就可以贏過你們了！

老師：你要丟幾點才能贏？

子翔：我看看……（一格一格數）七點。

老師：好！我們來看看會怎麼樣。

輪到子翔時，他擲出六點，照著走了六步。

子翔：糟了！我趕不上你們了！（若有所思，然後大笑）

哈！我知道為什麼了，因為骰子最多只有六點。

（五）社會遊戲

　　幼兒有時候需要單獨遊戲，因為單獨遊戲能使幼兒暫時避開過多的社會刺激。但是，同儕互動對幼兒語言與社會能力有很大助益，對經常進行單獨遊戲的幼兒，教師應加以引導。教師以開放的方式參與幼兒的遊戲，是增加同儕互動的方法之一。教師對幼兒很有吸引力，當教師加入幼兒的遊戲中時，一些平常被同儕忽視或排斥的幼兒，很可能會被同儕接納而加入遊戲中。以下是一個很好的觀察實例。

觀察實例 8-20

　　琴心坐在娃娃家獨自幫洋娃娃穿脫衣服。她並沒有對附近遊玩的幼兒看一眼，也沒有和他們互動。老師決定介入以增進幼兒互動的機會。

教師：妳的娃娃餓了嗎？我們來煮飯給她吃。

琴心：（沒有反應，繼續幫洋娃娃穿衣服）

教師：如果她餓了，請妳告訴我。我可以到廚房幫她弄點吃的。（走到廚房，拿出鍋子、盤子，和其他幼兒進行平行遊戲）

琴心：（走到老師身旁）我的娃娃餓了。

教師：好！我們看看弄些什麼給她吃。

琴心：嬰兒吃的東西啊！

芳萍：（走向老師）我來煮，好不好？

教師：好啊！妳和琴心一起去煮，我來照顧娃娃，怎麼樣？

欣瑩：我可以玩嗎？

芳萍：不可以，琴心，我們在煮晚飯，對不對？

琴心：（點點頭，沒有說話）

教師：妳可以切菜啊，欣瑩。

欣瑩：好！琴心，刀子給我，好嗎？

琴心：我正在用。（遞給欣瑩另一把刀子）嘿！這裡。

芳萍：妳的娃娃叫什麼名字？

琴心：小文。

芳萍：好了！小文，妳的晚餐煮好了。

　　三位幼兒和老師坐下來一起吃晚餐。芳萍和欣瑩主動地問老師和琴心問題，並與她們討論。琴心或是點頭或是簡單地回答。過一會兒，老師離開餐桌。琴心和其他幼兒仍然繼續吃飯，直到收拾的時間。

四、如何退出

成人介入幼兒的遊戲，主要是要使遊戲更為豐富而有趣，而不是要給予幼兒持續地引導。因此，教師在介入後，要找機會退出，還給幼兒遊戲的自主權。當幼兒已經能夠專注於遊戲時，教師就應該找機會退出。教師要退出幼兒的遊戲應注意下列原則：

1. 教師宜悄悄地退出遊戲，以免造成遊戲中斷。為避免遊戲因教師的退出而中斷，教師應有計畫的逐步退出。在退出前，教師應盡量鼓勵同儕間的互動，以減少教師在遊戲中的重要性。

2. 使用間接的策略，例如：在開餐館的角色扮演中，教師假裝在餐館中吃午餐，教師藉著告訴幼兒時間到了，他必須回去上班而退出遊戲。

3. 如果幼兒不肯讓教師退出，教師不妨直接告訴幼兒，教室中還有其他幼兒需要協助。如果幼兒十分堅持，教師不妨告訴幼兒：「我去看看就回來。」回來的時間逐漸縮短，離開的時間逐漸增長，反覆幾次，幼兒就會逐漸習慣沒有教師的參與。下面是一個很好的觀察實例。

觀察實例 8-21

在科學角中，兩位幼兒正把物品放到天平上，老師則坐在他們旁邊。剛剛老師曾問：「哪一邊比較重？」現在老師不再提出

問題，而讓幼兒自己操作。她只是觀察，偶爾做簡短的評語。

　　老師：（悄悄地從桌旁站起來）我去拿顏料給永婷。

　　慶華：（以抱怨的聲調）不可以，你要留在這裡。

　　老師：（以熱切的語調）你們先把這兩個量一量，我去幫永
　　　　　婷，待會馬上回來。

　　昕：（模仿老師的語調）好！我們先來量量這兩個。

　　兩位幼兒把物品放在天平上，接著觀察討論。老師去倒顏料
給永婷，又和另一位幼兒討論他的圖畫，然後回到科學角，但是
並不坐下。

　　慶華：你看玉米比較重！

　　老師：（小聲的）對！

　　昕：來啊！我們再多試幾個。

　　當慶華和昕又開始實驗時，老師走離桌子幾步，觀察了幾分
鐘之後，離開了科學角。慶華和昕都沒有察覺到老師的離開。

註：引自 Trawick-Smith（1994）。

第三節　教師問問題的技巧

　　問問題是介入幼兒遊戲的良好方法，好的問題能激發幼兒的好奇
心並引發探索行為，好的問題也能增加幼兒的知識及增進幼兒解決問
題的能力，好的問題還能增進幼兒的語言表達能力。

如何問問題才能激發幼兒去思考，是大多數教師最感困難的事情。研究發現，不論在假扮遊戲或非假扮遊戲，多數教師使用較多的封閉式問題，導致幼兒使用多字語句表達的機會大大受限（Meacham et al., 2014）。問題要問得好並不容易，但是透過不斷地練習，即能使問問題的技巧得以增進。以下是問問題的一些原則，教師若能遵循這些原則並且多加練習，問問題的技巧就會不斷增進（Forman & Hill, 1984; Kamii & DeVries, 1978; Trawick-Smith, 1994）。

一、以問問題取代直接給予訊息

幼兒向教師尋求幫助或訊息時，教師有時不妨以問題回應而非直接提供訊息。以下是一個觀察實例。

觀察實例 8-22

陽輝：（拿著一盆植物）這是什麼？

老師：你認為那是什麼？

陽輝：我想這原本是在外面的樹叢裡。

老師：你怎麼知道呢？

陽輝：你看嘛！有很多種子附著在它上面。

註：引自 Trawick-Smith（1994）。

在上述的例子中，幼兒做了一些思考，而對自己最先提出的問題有所了解，這種經過自己思考所得到的知識，會比成人直接傳授的知識保存較久。

二、提出開放式的問題

　　教師應多練習問開放式的問題，減少問只有一個答案的問題。針對小組活動的觀察研究發現，3 歲和 4 歲幼兒較常使用多字語句來回答開放式的問題，也較常使用多字語句將討論主題做較深入的討論（de Rivera et al., 2005）。問問題不應是在填滿時間，也不只是在查看幼兒是否理解，而是在創造有意義的雙向對話。提問開放式問題較能激發幼兒思考，創造師生之間雙向的對話。

三、提出具有挑戰性的認知問題

　　教師不妨思考提供下列四個類型的問題，以挑戰幼兒的思考：

1. 能製造矛盾的問題：提出問題讓幼兒察覺所觀察到的現象和既有知識之間的矛盾與衝突，例如：一枝草如何能穿透人行道的磚塊繼續生長？為什麼大塊的軟木塞會浮在水面上，而細小的針卻會下沉？

2. 使用超越性問題（distancing questions）：鼓勵幼兒推測在眼前的世界所不能觀察到的現象，將思想與現實暫時分離，使用心像和語言代表經驗。此類問題經常使用在推論性談話（inferential talk）中，與談者必須超越當下的所見所聞及字面意義，以推論他人話語的涵義。在假扮中，也常須使用推論來填滿所扮演的細節（Nichols & Stich, 2000）。針對 3 至 5 歲幼

兒與教師在小組黏土活動之對話研究發現，教師提問的問題若較具推論性，幼兒較常使用推論性話語來回應。可見，教師較常使用超越性問題，幼兒也較能展現較高層次的思考和語言技巧（Tompkins et al., 2013）。

3. 提出能使幼兒推測所有物品、事件或行動之關係的問題，例如：兩個物品之間有哪些相同的地方？有哪些不同的地方？

4. 提出要幼兒去預測（prediction）、計量（quantification）、推測因果關係的問題：預測問題能激發幼兒去推測未來的事件，例如：猜猜看這個寶特瓶掉到水裡會怎麼樣？計量問題能刺激幼兒以各種方法去推斷數量，例如：誰的葡萄乾最多？你怎麼知道的呢？因果關係問題能激發幼兒去思考什麼樣的行動會產生什麼樣的結果。這些問題都能激發幼兒去進行高層次的思考。

除了思考如何提問之外，教師在回應幼兒的答案時，應允許幼兒有錯誤的答案。當幼兒回答錯誤時，可提出更多的問題去刺激幼兒思考，並給予足夠的思考時間。錯誤的答案比正確的答案更能增加師生對話的機會，因此更能刺激幼兒智能的發展。如果教師只是糾正錯誤的答案，他將錯失探索幼兒如何推理的機會，也會錯失提供幼兒挑戰錯誤概念的機會，以及激發幼兒智能發展的機會。要讓幼兒能深入思考一個問題，教師應給予幼兒思考的時間。教師在提出好的問題後，如果不能給予幼兒思考的時間，那就無法產生學習。

第九章
遊戲之性別差異

　　從前的育兒手冊經常強調刻板的性別角色教育，例如：應禁止男孩玩女孩的玩具，以及 2 歲的男孩玩娃娃或縫紉，長大後可能變成同性戀者等。早期有些心理學者也將遊戲分為女性的與男性的遊戲，例如：扮家家酒、扮演醫生與護士、縫紉、玩「倫敦鐵橋塌下來」、玩填充動物玩具等，都被歸為女性的遊戲；至於打棒球、玩槍、玩火車、玩望遠鏡等，則被歸為適合男孩玩的遊戲。這些心理學者甚至還建議要注意觀察幼兒的遊戲行為，避免讓幼兒玩不合乎性別的遊戲（Cohen, 1991）。

　　隨著對兩性角色觀點的改變，學者專家對男女生遊戲的看法也有適度的修正。在 1970 年代美國，學者專家和家長曾經聯合推動消除在書本、電視、電影和玩具中性別角色的刻板印象。因為這樣的推動，男女生不合於傳統角色的行為稍微比較能被接受。然而，到了 1980 年代，由於玩具廣告以合於傳統性別角色的玩具做強力促銷，遊戲中男女生性別角色之差異又再度被強調（Van Hoorn et al., 1993）。

　　近年來，STEM（S －科學、T －技術、E －工程、M －數學）已成為教育研究的熱門議題，而性別差異即是研究的重點之一。這樣的差異在幼年期即已顯現，例如：成人為男孩大都選擇與其共玩 STEM 領域的玩具，此情況甚至持續了整個生命週期，而工程領域尤其嚴重（Coyle & Liben, 2020）。

第一節 遊戲行為的性別差異

　　在某國小附幼的自由遊戲時間，幼兒們正依照自己的興趣選擇學習區進行遊戲。幼兒們散布在教室的各個學習區，仔細一瞧，卻發現在各個學習區中的男女童人數有相當大的差異。扮演區幾乎是女生的天下，積木區清一色是男生。接連幾次的觀察，情況似乎沒有多大變化，偶爾才會看到一位男孩進入扮演區或一位女孩進入積木區。

　　為何扮演區常常是女孩的天下，難道男孩不喜愛想像遊戲嗎？經過一段時間的觀察，卻發現男孩在扮演區常常遭到女孩的排擠，有些時候是女孩向老師抱怨男孩把東西弄得亂七八糟，其他時候則是男孩被分配到小動物或嬰兒的小角色。再仔細觀察積木區的幼兒，遊戲時間開始時，絕大部分幼兒都利用各種積木進行建構。慢慢地，有些幼兒開始利用所建構的物品（例如：機器人、飛機、戰車）進行想像遊戲。在觀察期間，男孩在積木區的活動常常從建構遊戲轉變為象徵遊戲。觀察之初，男孩似乎很少進行想像遊戲，但是持續觀察一段時間後就發現，男孩也常進行想像遊戲，而想像遊戲的場地並不局限於扮演區，在其他學習區也可能發生。

　　男女孩所玩的遊戲是否不同？到底有哪些不同？從 1930 年代以來，有關遊戲之性別差異的研究不少，但是研究結果並不一致。

　　很多研究都發現，戶外動態遊戲是男孩所喜愛的活動，不過這些研究對戶外動態遊戲的定義卻不盡相同。男孩也比較常進行木工活動（如圖 9-1 所示），男孩比女孩較常進行練習遊戲或具有攻擊性的活

圖 9-1　男孩似乎比較喜愛木工活動

動。在跨文化的研究中發現，男孩也比女孩較常進行打鬧遊戲，在進行此遊戲時，男孩通常人數較多、比較吵鬧、有較多肢體的接觸，例如：角力、翻滾。跨文化的研究又發現，不論傳統或工業化社會，都可以看到男孩傾向使用工具建構，而女孩傾向進行家事活動（Gredlein & Bjorklund, 2005）。在玩物社會遊戲中，男孩通常玩得比較激烈，且蘊含幻想的主題，例如：扮演超人的角色；男孩也較常被引入較為激烈的活動，例如：打打殺殺的遊戲。女孩的建構遊戲通常較多獨自操弄物體（Pellegrine & Bjorklund, 2004）。在從事角色扮演時，男孩較常扮演軍人、警察、超人、幻想或冒險性的角色。在象徵遊戲中，男孩較常按照自己的想法去玩，較少有合作及組織性的行為，扮演的情節也比較短（Black, 1989; Honig, 1998; Liss, 1991）。女孩的象徵遊戲形式則較複雜，所謂複雜就是一個回合時間較長，主題發展較成熟，表徵較抽象。這個現象與語言能力有關，因為象徵遊戲涉及將

物品和角色從現實轉換到想像情境，要能使用語言去界定、澄清和協商這樣的轉換，才能有效地表達這樣的轉換，而女孩通常語言表達能力較佳（Pellegrine & Bjorklund, 2004）。

筆者在某個幼兒園觀察一段時間，也有類似的發現。角落時間的玩具角都是男孩的天下，玩具角放的是各式各樣的塑膠積木。孩子們通常先利用各種積木去組合各種造形，然後再利用所組合的造形進行想像遊戲。以下是一個觀察實例：

> 立言獨自在玩具角玩。他利用環狀的塑膠積木組合成各種造形，其中幾個類似人形。立言左右手各拿著一個由積木組合的人偶，不斷地舞動雙手，讓兩隻手上的人偶互相廝殺，嘴裡不斷發出「噗ㄘ……噗ㄘ……，ㄅㄧㄤˋ，ㄅㄧㄤˋ」的打鬥聲。大戰數回之後又繼續組合積木。

女孩的遊戲傾向於空間較小、活動量較少的小團體活動或靜態的室內遊戲，例如：閱讀、聊天、聽 CD、美勞活動，以及與教師有關的活動都被列為女孩的遊戲。早期的研究發現，女孩比較偏愛扮家家酒。在角色扮演中，女孩較常談論和計畫扮演的內容，扮演的情節也較長。在從事扮演活動時，女孩較常扮演與家庭或學校有關的主題（Black, 1989; Honig, 1998; Liss, 1991）。

雖然過去有很多研究發現，男、女孩在遊戲中有某些差異，但是近來有些研究的結果卻有所不同。有些研究顯示，男、女孩從事閱讀或與教師有關的活動時間之長短並沒有差異；男、女孩都喜愛積木與

攀爬；男、女孩都喜愛室內的體操設備、扮家家酒、聽故事和木工活動（Johnson et al., 1987）。潘慧玲等人（1991）發現，4 歲和 5 歲女孩比男孩從事較多的建構與平行建構遊戲，而 6 歲男、女孩在這兩類遊戲行為上的表現剛好與 4 歲和 5 歲幼兒相反。前述研究結果的差異，可能是觀察記錄的誤差，也可能是近來社會大眾的性別角色刻板印象較前減少。筆者對幼兒教室長期的觀察也發現，近來男、女孩似乎都常進行建構活動，尤其是拼圖（如圖 9-2 所示）。

圖 9-2　男女孩都喜愛建構遊戲

　　男女孩在體能活動上也顯現差異，男孩比較常玩打鬧遊戲或有肢體接觸的活動，女孩則比較喜愛跳躍或沒有肢體接觸的遊戲（Liss, 1991）。男女孩在戶外遊戲器材的選擇上也顯現差異，女孩較常玩固定的體能設備，例如：攀爬架和鞦韆；而男孩則較常玩車子及建構的材料，例如：輪胎、木箱、梯子等（Frost, 1992）。楊淑朱（1997）

發現，男女孩的戶外遊戲行為之差異與遊戲場的類型有關。在傳統式遊戲場，女孩比男孩有較多的社會性遊戲和戲劇遊戲，男孩比女孩則有較多的功能性遊戲；在創造性遊戲場，男孩比女孩則有較多的單獨遊戲和戲劇遊戲，而女孩比男孩則有較多的功能性遊戲。

 第二節 玩具選擇的性別差異

　　早從嬰兒期開始，男孩和女孩玩的玩具即已不同。學步兒開始以玩具的偏好去區別男生和女生。14 至 21 個月大的男孩已經表現出比較喜愛玩汽車和卡車，女孩則比較喜愛玩布偶和娃娃。學齡前的幼兒選擇所謂「合乎自己性別的玩具」進行遊戲的頻率，遠超過選擇所謂「不合乎自己性別的玩具」進行遊戲的頻率（Honig, 1998）。

　　早期和最近的研究都發現，男孩喜愛積木、工具、汽車、卡車、沙坑、戰爭玩具和建構玩具，女孩則偏愛布偶和洋娃娃。進入小學之後，女孩還是偏愛洋娃娃，男孩則喜愛建構玩具和運動器具。不過女孩使用所謂「男孩的玩具」之情形，比男孩使用所謂「女孩的玩具」之情形為多（Honig, 1998; Johnson et al., 1987）。

　　楊淑朱（1997）發現，男女孩在創造性遊戲場的玩具選擇上略有不同，男孩的選擇依序是扭扭車、開放區和滑板，女孩的選擇依序是滑板、平臺下和開放區。

第三節　**影響遊戲性別差異的因素**

　　男孩與女孩在遊戲行為與玩具喜好的差異，究竟是什麼因素使然？從有關的研究可以歸納出下列兩大因素：生物性因素和社會環境因素。以下茲就此二個因素探討之。

一、生物性因素

　　Erikson（1977）認為，不同性別的幼兒在遊戲行為上的差異，是生物性因素使然。他發現男孩玩積木的方式與女孩不同：男孩較常將積木排得很高很長，女孩則喜歡排出短而閉合的空間；男孩喜歡排火箭，女孩則喜歡排房子。這樣的排列方式正好與男女生之生殖器官的構造差異一致。不過，Erikson 的觀點遭到很多學者的質疑。

　　後來有研究發現，在母親懷孕期間注射了女性荷爾蒙的胎兒，不論男女，到了幼兒期時，其打鬧遊戲行為都比其他幼兒為少（Goldstein, 1994）。此外，胎兒期曝露在異常高劑量男性荷爾蒙的女孩，會表現較多玩物遊戲行為（Pellegrine & Bjorklund, 2004）。從這些研究確實可以推論，生物性因素是造成遊戲行為之性別差異的因素之一。

　　生物性因素也可能影響男女孩對玩具的喜好。有些研究發現：在幼兒能清楚的認定自己的性別，或能標示哪些是「適合」自己性別的玩具之前，已經顯現玩具選擇的性別差異。大致上，14 至 22 個月大的男孩比較喜愛貨車和汽車，而同年齡的女孩則比較喜愛洋娃娃和填

充玩具；18 至 24 個月大的幼兒常會拒絕屬於異性的玩具，即使在沒有什麼適合他們的玩具可玩時，亦是如此（引自王雪貞等人譯，2002）。另有研究發現，在出生之前以及出生之後注射較多男性荷爾蒙的胎兒及嬰兒，不論男女，在 3 至 8 歲之間比較偏好一般人所謂的「男孩的玩具」（Goldstein, 1994）。

二、社會環境因素

（一）家庭

　　5 歲的浩翰左手抱著娃娃（其實是一個枕頭），右手輕輕地拍拍娃娃，對著手中的娃娃說：「不要哭！乖乖睡覺。」爺爺在一旁看見了，就說：「男生玩女生的遊戲，成何體統？」

　　透過直接回饋和模仿，幼兒從家庭獲得合乎性別角色的遊戲行為。父母親對幼兒遊戲行為的影響之一，是提供幼兒合乎其性別的玩具。Rheingold 與 Cook（1975）以 1 至 6 歲幼兒為對象，研究父母對幼兒房間擺設的影響。結果發現，在各個年齡層，男女孩房間裡的家具、書籍、音樂物品和填充玩具並沒有明顯的差異，倒是在玩具上有很明顯的差異。男孩的房間有較多的動物玩偶、玩具車輛，以及各種和空間、時間、能量概念有關的玩具；女孩的房間則有較多的娃娃和扮家家酒的玩具。從這個研究可以推論，幼兒是從家裡認識到哪些是合乎性別角色的玩具與遊戲行為，再把這個認知帶到學校生活中。

Garvey 也認為，幼兒對合乎性別的玩具之喜好，是受到父母楷模示範的影響，以及他們對選擇合乎性別玩具的認可及支持（引自 Liss, 1991）。

已有研究發現，父母傾向於為幼兒選擇合乎性別的玩具，尤其是那些抱持著傳統性別角色觀念的父母。實驗研究發現，那些相信兩性有差異的女性，當被告知嬰兒的性別是男性時，比較可能選擇玩具鐵鎚與之互動；不認為兩性有差異的女性，當被告知嬰兒的性別時，並不影響其對玩具的選擇。另有研究發現，父親為兒子提供比較多的玩具車子、建構玩物和運動器具（Goldstein, 1994; Honig, 1998; Liss, 1991）。

父母不只是為子女購買不同的玩具，也以不同的方式和子女遊戲。在美國所做的研究顯示，父親平均與兒子遊戲的時間遠超過和女兒遊戲時間的 50%。他們和子女遊戲時的行為也有很大的差異，例如：在遊戲中，父親比較常對女兒微笑，而比較鼓勵兒子主動遊戲（Goldstein, 1994）。另有研究發現，父親比較會去處罰兒女所表現的不合乎傳統性別角色之遊戲行為，而父親也比較會和兒子進行體能遊戲（Goldstein, 1994; Honig, 1998; Liss, 1991）。

在第二章第二節探討遊戲和數邏輯概念發展的關係時，曾經引述 Levine 等人（2012）的研究，在該研究中也比較了 53 名主要照顧者與兒子或與女兒的遊戲互動行為之差異，結果發現：主要照顧者與兒子進行較多高品質的拼圖遊戲，包括：使用較難的拼圖、較多的空間語言，以及較多的參與。

Coyle 與 Liben（2020）為探究母親與 4 至 6 歲的兒子或女兒，

在共玩STEM玩具的遊戲互動行為之差異，他們選擇市面販售的工程玩具（取名為「GoldieBlox和紡紗機」）進行研究。玩具紡紗機是組合式玩具，包括一塊有插孔的方形塑膠板、5支可以插在塑膠板上的輪軸、當作紡紗機的紡輪，以及用來連結這5支紡輪的緞帶，當作紡紗機的傳動皮帶，以使這些紡輪能同時轉動。當初設計這個玩具的目的是要顛覆傳統之性別角色刻板印象，玩具包裝盒是傳統認為的女性色調，其上有個女孩圖像；至於連結玩具紡紗機5個紡輪的緞帶也是女性色調之粉紅色，並因應女孩喜愛閱讀故事的特點，還附上一個編造的故事，包裝盒上又特別標示是「女孩的玩具」。除了選用這個市售玩具，研究者又製作一個形式和功能與「GoldieBlox和紡紗機」完全相同的玩具，取名為「BobbyBlox和紡紗機」，但包裝盒的顏色則是傳統認為之男性色調，其上是男孩圖像，而連結玩具紡紗機5個紡輪的緞帶則是綠色，也附上相同的故事，包裝盒則標示是「男孩的玩具」。研究發現：在試玩期間，被分給BobbyBlox玩具的母親，比被分給GoldieBlox玩具的母親，較多去組合紡紗機。在正式遊戲時間，母子組較多去組合紡紗機，而母女組則較多去閱讀該玩具的使用說明和所附的故事。

（二）教師

教師對性別角色的看法與態度常常影響幼兒的遊戲行為。在Fagot的研究中，教師對幼兒所表現的中性行為有比較正面的態度，對女性化的行為其次，對男性化的行為態度最差。當幼兒以傳統的方式遊戲時，教師通常不會插手去管幼兒的遊戲活動，雖然教師並沒有意識到

他們自己所表現的態度，例如：當女孩很少去進行傳統上所謂男孩的活動時，教師通常也不會去鼓勵他們（引自 Johnson et al., 1987）。以下是一個實例。

在某幼兒園的早上入園時間，大多數幼兒都在戶外的遊戲場嬉戲，有幾位男孩正在玩踢球的遊戲。忽然間，球滾到一位女孩前面，女孩很興奮地上前去搶球。助理老師看見了，對著這位女孩說：「你是男生？還是女生？」女孩先是愣了一下，接著走開不去搶球了。

以下是筆者在觀察幼兒園兒童的遊戲行為時很少見到的情景，因此特別將它記錄下來。

在某國小附幼的角落時間，娃娃家只有三位幼兒在遊戲，而且全都是男孩。啟航對正華說：「我們來煮很多很多的菜請客人，好不好？」正華回答說：「好！」啟航馬上去拿了青菜、菜刀和砧板開始切起來。正華一邊把鍋子放在瓦斯爐上，一邊說：「我來炒菜。」這時盈澄已在瓦斯爐的另一個爐口默默地炒菜。在整段角落時間裡，啟航和正華忙碌地做菜，然後把菜端到餐桌上排好，兩人時有交談。盈澄則一直默默地做菜，沒有和其他二人交談。在這段時間內，並未見到其他幼兒進入娃娃家遊戲。

隔了幾年，筆者在上述紀錄所發生的班級之教師的另一間教室

幼兒遊戲

（3 歲班），也看到娃娃家還是經常有很多男、女孩參與活動（如圖 9-3 所示）。筆者推測，此與該教師較無性別角色刻板印象，且常常鼓勵男、女孩之間的互動有關。

圖 9-3　3 歲班的娃娃家男生也不少

註：教師對性別角色的看法與態度常常會影響幼兒的遊戲行為。

　　研究又發現，教師花比較多時間和從事女性化活動（例如：美勞、手工、扮家家酒）的幼兒相處。幼兒教師大都是女性，女孩大都從事和教師相同的活動。典型的男性活動（例如：交通工具、火車）通常不能吸引教師的注意或反應。而女孩通常與教師比較親近，比較喜愛進行結構性的活動（Liss, 1991）。

　　Serbin 等人研究遊戲活動時教師是否在附近，以及教師示範各種玩具對幼兒遊戲行為的影響。結果發現，當幼兒從事合乎性別角色的遊戲時若教師在場，不論男孩或女孩，遊戲參與率都會比較高。教師

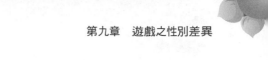

是否在場對女孩的影響比男孩為大，但是不論男孩或女孩都會受影響。當教師是男性時，男孩在男性較喜愛的活動之參與率會比較高。從這個研究可見，教師是否在場或介入幼兒的遊戲活動，會影響幼兒在性別相關活動之參與率（引自 Johnson et al., 1987）。

（三）同儕

同儕對幼兒的遊戲行為與玩具選擇之影響也不容忽視。研究發現，4 歲和 5 歲幼兒如果先前看過某種玩具大都是男孩在玩，就會認為那是男生的玩具。同樣的，如果看到某種玩具都是女生在玩，就會認為那是女生的玩具。研究發現，3 歲和 4 歲幼兒獨處時，比較會去選擇所謂的「不合乎自己性別角色的玩具」進行遊戲；男孩比較會去取笑或阻止其他男孩選擇非男孩玩的玩具。另有研究發現，幼兒若選擇合乎性別角色的遊戲，相同性別的幼兒比較可能會和他一起遊戲。幼兒之所以選擇合乎性別的玩具，有可能是因為想得到同儕的認可，以避免來自同儕的負面反應，並且能和相同性別的同儕有進一步的互動（Goldstein, 1994; Honig, 1998; Liss, 1991）。

（四）傳播媒體

傳播媒體，尤其是電視廣告對玩具的促銷活動，常常會影響幼兒對玩具的選擇。從芭比娃娃的風行，就可看到電視廣告的威力。玩具廣告不只傳達給幼兒合乎性別的玩具，還傳達給幼兒合乎性別的遊戲行為。研究發現，經常看電視的 3 歲幼兒比不常看電視的同年齡幼兒有較多的性別角色刻板印象。因此 Greenfield（1984）認為，電視是

塑造性別角色刻板印象的主要共犯。

　　Kline 與 Pentecost（1990）從美國的兒童電視節目中隨機抽取了
150 個玩具廣告，結果發現，這些玩具廣告充滿了對傳統性別角色的
宣傳。以廣告的內容而言，針對女孩的玩具廣告畫面有 84%是在玩玩
偶，而所玩的玩偶局限於流行的玩偶（例如：芭比）、洋娃娃以及和
家庭角色有關的玩偶、一整套的塑膠或填充玩偶。針對男孩的玩具廣
告畫面雖然也有 45%是與玩玩偶有關，但是所玩的玩偶以動作人物為
主（例如：藍波、蝙蝠俠）。針對男孩的廣告玩偶有這麼高的比例，
似乎打破了傳統認為男孩不玩玩偶的印象，但是仔細分析即可發現男
孩與女孩的玩偶仍有很大的不同。除了玩偶之外，男孩玩的玩具種類
很多，包括：車子、槍、建構玩具、電動玩具。儘管玩玩偶的廣告畫
面很多，但是其中卻很少出現男孩和女孩一起玩的畫面（只占
9%），其他的玩具廣告出現男孩與女孩共同遊戲的畫面則稍多（占
34%）。在玩偶廣告中，男孩與玩偶的關係也與女孩的不同。男孩常
常扮演玩偶的角色，例如：扮演蝙蝠俠，男孩變成了蝙蝠俠，女孩則
不扮演玩偶本身，而扮演與它有關的角色，例如：扮演芭比的媽媽。

　　玩具廣告的畫面設計從配樂、音效、色彩到剪接風格也有不同。
促銷女孩玩具的廣告，其背景音樂通常是快樂的或柔和的，廣告詞都
由女性以愉快、甜美而溫柔的聲音唸出來；促銷男孩玩具的廣告，其
背景音樂通常是有力的、很有侵略性的，廣告詞都由男性以雄厚的、
權威的及富有侵略性的聲音說出來。促銷女孩玩具的廣告剪接較慢，
給人一種和平安詳的感覺；促銷男孩玩具的廣告剪接快速，給人一種
強而有力及富有侵略性的感覺（Goldstein, 1994）。促銷女孩玩具的

廣告，其畫面通常是粉紅色和柔和的顏色，給人一種浪漫的感覺；促銷男孩玩具的廣告，則以黑色和冷硬的色調襯托出男性的氣概。

促銷玩具的廣告詞也有不同。促銷女孩玩具的廣告詞強調養育和撫育，以及透過遊戲培養母性和重視家庭關係；促銷男孩玩具的廣告詞，則強調競爭和創造、權力和控制的論調，幾乎滲透在所有的廣告詞中。魅力和外表是促銷女孩玩具的廣告詞所強調的另一點，例如：「柔軟亮麗的秀髮」這個廣告詞，經常出現在促銷女孩玩具的廣告中（Liss, 1991）。

英國的玩具廣告和美國的有所不同。Smith 與 Bennett（1990）從性別角色刻板印象及攻擊性兩個指標，分析 1988 年聖誕節之前的玩具廣告，結果發現男孩和女孩的玩具廣告一樣多，除了玩偶和玩具車子之外，其他的玩具並沒有性別上的差異。男孩的玩具廣告出現較多的競爭性遊戲，女孩的則出現較多的合作遊戲。此外，廣告中的男孩也比女孩活潑。

某些似乎具有強烈性別色彩之玩具的風行，讓一些教師及家長相當憂心，而女性主義者也大力撻伐。然而也有學者指出，玩具本身並不足以造成男孩與女孩對它的偏好，以及他們在遊戲行為上的差異，因此沒有必要禁止幼兒玩芭比娃娃這類玩具（MacNaughton, 1996）。男孩與女孩對玩具的不同偏好以及遊戲行為的性別差異，應是上述因素交互影響的結果。有些學者認為，並非所有的女孩都是被動地接受玩具所傳達的傳統女性角色之觀點，當成人對性別角色的看法有誤

時，有些女孩會抗拒這樣的觀點。因此，要去除幼兒性別角色的刻板印象，應是透過對話重新建構男性與女性的權力架構。

第十章
遊戲與學習

　　對一般人而言，遊戲大都是動態的、多人參與的戶外團體活動或大肌肉活動。雖然「幼兒遊戲」列入幼兒教育師資培育課程已有多年，但是很多幼兒教師對遊戲的看法仍與常人無異。戶外團體遊戲或大肌肉活動固然也是遊戲的一種，但是將遊戲等同於戶外團體遊戲或大肌肉活動，未免窄化了遊戲的範圍。對遊戲抱持這種觀點的教師，通常將「遊戲」與「學習」截然二分。對這些教師而言，只有在教師主導的活動中，幼兒才能有認知方面的學習。

　　近年來，幼兒園雖然紛紛設置了角落，但是有些教師對遊戲的觀點似乎沒有改變。對某些教師而言，遊戲仍然是指戶外團體遊戲或大肌肉活動，角落時間有些教師仍然主導活動的進行，有些教師則將角落活動視為正式課程之外的獎賞活動。角落時間是認知學習之餘，教師任由幼兒遊戲的時間。認知學習則是由教師主導、幼兒反覆操作或練習的活動。

　　1987 年公布的「幼兒園課程標準」，將遊戲定為課程領域之一，與其他學習領域並列，亦是將「遊戲」與「學習」錯誤地二分。如果遊戲只是「兒戲」，而不能讓幼兒有認知方面的學習，那麼主張「讓幼兒從遊戲中學習」豈不只是一個口號？

　　早期，發展心理學者在探究幼兒遊戲時，大都將遊戲定義為快

樂、自娛的活動,而不強調遊戲的教育意義。近來,幼兒教育學者則從遊戲的教育功能加以探究,將遊戲定義為隱含教育目的之活動(Youngquist & Pataray-Ching, 2004)。這些研究者將遊戲定義為發生在教學情境之中與之外的各種形式之探究活動,而探究(inquiry)則為遊戲式的學習,它是個體觀看世界的一種方式。個體視世界為充滿無限的問題和可能性,探究需要我們透過批判性思考去了解不同的觀點和經驗、去精進我們的思考、去創造新觀點,以及將愛和美帶入這個世界。

Wells(1995)指出,探究取向的課程強調知識的了解是源自行動以及從行動所得到的回饋,例如:在閱讀之中,訊息的獲得不是經由吸收,而是經由主動建構,是學習者現有知識與訊息線索之間的互動;訊息若非經過個體之轉換,就不能得到保留。探究的動力來自於對事物或問題了解的慾望,這個慾望驅使個體開放自己以經驗新事物,並重新省視自己的觀點,由此去獲取答案。

若將遊戲視為是探究活動,那些由教師引發或教師事先規劃的課程,不但能夠激發幼兒對事物或問題了解的慾望,因而吸引幼兒積極參與,且以幼兒為中心,並能讓幼兒樂在其中的,也是一種遊戲。看看下面的教學實例。

教學實例 10-1

　　角落時間,李老師(實習老師)在美勞角利用廢紙摺紙飛機,幼兒見狀紛紛要求老師教他們摺。老師應允並執行,但幼兒摺出來的飛機飛得並不順。老師問幼兒:「你們的飛機都飛不

直，也飛不遠，不像我摺的這樣，為什麼？」宏宇：「老師的飛機頭比較尖，所以飛得比較遠。」致遠：「我的也很尖啊！」勝華：「我的比較尖。」宏宇：「你們的都沒有老師的尖啦！所以你們的比較不遠。」老師：「你們把你們的飛機重摺一次，把頭摺尖一點，看看會不會飛得比較遠？」幼兒重新摺過，但仍然飛不遠。老師：「你們摺的飛機已經很尖了，可是還是飛不遠，為什麼呢？你們再拿老師的紙飛機去看看。」幼兒再拿老師的紙飛機去研究。致遠：「我知道了，老師的飛機翅膀比較大，所以飛得比我們遠。」老師：「你們再摺一次，把翅膀摺大一點看看。」幼兒重摺，這次飛得比較遠，但仍然飛不直。老師：「你們的飛機都摺得好棒，飛得好遠了，可是還是飛不直，這怎麼辦？」幼兒再看一次老師摺的飛機。宏宇：「老師的飛機摺得很齊，我們的飛機都歪歪的。」老師：「老師給你們新的紙，讓你們重新摺得比較齊，如果真的摺不齊，可以請老師幫忙。」幼兒在摺得比較齊之後，紙飛機都飛得比較遠了。

上述活動雖非教師事先規劃，但卻是教師有意引發。教師首先獨自摺紙飛機以吸引幼兒的注意，由此引發幼兒探究的慾望，接著透過教導與提問，引導幼兒製作飛機、思考飛機造型與飛行距離之關係，從不斷地嘗試修正中，幼兒逐漸發現其中的道理。在這個活動中，幼兒的興趣是由教師所引發，而興趣也因著教師的引導而持續。在活動過程中，幼兒是認真且快樂的。

# 第一節 語文遊戲與學習

對一般人而言，扮家家酒毫無疑問的是一種遊戲，至於將扮演故事，甚至聽、讀、編寫故事視為是遊戲，很多人心中可能會打一個「？」。Roskos 與 Neuman（1998）認為，雖然幼兒自發地進行假扮遊戲和他們認真地讀寫故事的情形，看起來似乎有所不同，但是這兩個表面上看起來似乎有所不同的活動，卻有著類似的心理歷程——他們都需要超越當下情境去了解以及使用語言的能力。

有關遊戲取向學習之研究，近年來大都集中在幼兒的語文學習，尤其是以方案取向的課程、全語文課程，以及以文學為基礎的課程。在這類的課程中，幼兒的語文學習，不論是透過教師事先的課程規劃，或者是透過師生共同的討論，都需要教師適切的引導，才能引發幼兒持續的探究慾與積極的參與，而從中建構語文的意義，以及享受欣賞與創作的樂趣。

下列是以文學為基礎的課程之探究取向教學實例（林美華，2004，第 35 頁）。

教學實例 10-2

林老師基於對兒童文學的熱愛，嘗試以圖畫書為課程的主軸，有計畫地引導幼兒進行以文學為基礎的教學活動。這樣的課程，在整個學期持續進行。由於所任教的幼兒園，幼兒大都缺乏

閱讀經驗。所以，老師從為幼兒朗讀圖畫書開始，選擇比較能吸引幼兒的圖畫書閱讀，並製造情境，以引發幼兒的想像扮演，例如：

> 老師將在教室撿到的銅板，以故事扮演的方式尋找失主。
>
> 「小林老師，請問誰丟了 50 元？」瑩（實習教師）搖頭說不知道。
>
> 「是你的嗎？」老師問獅子。
>
> 「不是。」獅子說。
>
> 「綿羊，是你的嗎？」問綿羊。
>
> 等不及綿羊回答，小治手上有一恐龍手偶，咬住銅板不放。
>
> 「是我的！」恐龍發出喉嚨深處低沉的叫聲。

透過閱讀與想像扮演，教師讓幼兒自由地游走於現實與想像之間，將想像融入幼兒的教室生活。接著，教師又透過生活經驗的提供，引發幼兒對新經驗的表述，如下之教學實例（林美華，2004，第38頁）。

教學實例 10-3

實習老師將自己的寵物小狗布偶放入教室，並閱讀有關的圖畫書，接下來幼兒有了各種的舉動，有些幼兒拿著圖畫書對布偶小狗閱讀，有些幼兒談論自己的養狗經驗，有些表述擁有寵物的

願望，例如：

「老師，我想養月亮」孫玨說。

有時，老師又故意裝扮自己，引發幼兒的想像遊戲，例如（林美華，2004，第 41 頁）：

老師在褲子後綁了布條，假裝是尾巴。幼兒看到了，有些也學著老師這麼做，有些則竊竊私語，嬉笑地指指點點：「尾巴！尾巴！」透過這樣的氣氛營造，老師導入想要閱讀的故事，引領幼兒進入書中的世界，讓幼兒的想像與故事融為一體。

除了圖畫書的閱讀，老師經常和幼兒談論與圖書內容相關的生活經驗，圖書內容與現實生活彷彿時空流轉，交錯進行在這個教室幼兒的世界中，如下之教學實例（林美華，2004，第 44 頁）。

教學實例 10-4

老師告訴幼兒自己即將去臺東遠行，又提及最喜愛去那兒的海邊賞月，並且描述月兒從海平面昇起的美景，老師感性的描述吸引幼兒的注意與參與，並且引發了幼兒下列的言談：

「太陽！請問月亮躲在哪裡？」「月亮躲在雲後面。」「月亮在海裡面洗澡！」

幼兒紛紛述說著月亮的故事。

　　接下來，幼兒的語言創作如湧泉般不斷地在教室流洩著，教室生活猶如一本幼兒自編的生活圖畫書。教師和幼兒不但是讀者也是作者，盡情享受閱讀和想像扮演的樂趣，隨意玩弄語言與符號，不斷發揮想像與創意。

　　Roskos 和 Neuman（1993）透過觀察，發現教師在幼兒的語文遊戲中所扮演的角色，包括：旁觀者、遊戲者、領導者。居於旁觀者的角色時，教師儼然是欣賞的觀眾，並不參與遊戲，只是偶爾給予幼兒讚許。居於遊戲者的角色時，教師直接參與幼兒的語文遊戲，做幼兒做的事，參與幼兒遊戲中的討論。居於領導者的角色時，教師有意地規劃幼兒的遊戲結構和程序，透過道具引介、情境安排等導入特定的語文主題。在這樣的遊戲情境中，教師居於中心的角色，提供語文主題相關的物品、表現語文楷模的行為，透過問題提供語文的建議。

　　Saracho（2004）則認為，教師在語文相關的遊戲活動中，可以扮演下列角色：(1)學習的參與者：以某個方式參與語文活動；(2)促進者：透過提供道具、圖片、故事、對話或任何手段，幫助幼兒了解所要教導的概念；(3)監督者：監督幼兒是否學到應學的概念，但切勿強迫其學習；(4)說故事者：閱讀繪本或說故事，提問問題、引導幼兒去預測故事的發展、給予幼兒充分時間回應、檢視幼兒對故事的了解；(5)團體討論的領導者：主持團體討論，介紹新概念，複習學過的概念；(6)教學引導者：透過經驗提供、情境調整、玩物提供，幫助幼兒學習語文。

　　在上述的教學實例中，林老師在整個教學過程中，時而扮演說故事者，時而扮演學習的參與者，時而扮演學習的促進者，時而扮演教

學引導者，時而扮演團體討論的領導者，時而扮演監督者，隨著課程的需要不斷調整自己所扮演的角色，引導幼兒探究圖畫書內容，建構對文本的了解，進而激發幼兒語文創作的行動。在教師這樣的引導下，幼兒盡情遨遊於文學的天地，馳騁於想像的原野，深刻體驗閱讀的樂趣。

第二節　數學遊戲與學習

　　一般人認為，數學學習就是反覆練習數學練習簿的問題，甚至很多幼兒教師亦抱持相同的觀點。事實上，數學的學習是從解決生活中的問題開始。對處於具象思考的幼兒而言，數學的學習更需要與生活情境結合。在日常生活中，只要成人稍加留意，隨時隨地都可以引導幼兒快樂地學習數學。換句話說，讓幼兒的數學學習也可以像在玩遊戲一般。下面是兩個教學實例。

教學實例 10-5

　　王老師到教育大學進修時，因所修課程的要求，開始省思自己的數學教學，並思考如何調整自己的數學教學，因此決定在點心時間作調整，融入數學的學習。

　　每天早上園方提供的點心都是兩種水果，而且大都是切丁或切片。老師改為讓幼兒依照自己的喜好拿取，他注意到幼兒看到喜愛的水果，通常會多夾一些，不喜愛的就會少夾或不夾，老師

並不糾正幼兒這樣的行為，但是規定兩種水果加起來不可超過七塊。之後，吃點心時，常見幼兒愉快地使用，並且互相比較所拿水果的數量，有人兩種水果各拿一塊和六塊、有人各拿二塊和五塊、還有人各拿三和四塊……等各種不同的「七」合成。

教學實例 10-6

　　老師將大量的鈕扣，以及自製的教具放在益智角的架子上，要讓幼兒進行分類活動。幼兒很快地發現了新的教具，並且依照老師預設方式（根據老師在自製教具所貼的鈕扣數量、孔數、顏色或形狀）操作分類。但很快地，幼兒失去了興趣。這時，在一旁觀看的幼兒拿起籃中的鈕扣觀察了一會兒，接著將鈕扣隨意堆疊，只疊了三、四個就滑塌下來（凸面對凸面）。其他幼兒看出了興趣，也各自抓了一把扣子在桌緣堆疊起來。

　　片刻之後，幼兒有了新發現：下面若放大的扣子會比較穩固，兩面皆平的扣子可疊得比凹凸扣子高。再不久，幼兒開始比賽，但是卻出現了問題：有的幼兒堆得比較高，但是扣子的數量卻比較少。幼兒們正在思考究竟為什麼會這樣，突然有位幼兒大叫：「啊！我知道了！有的扣子胖胖的，有的扣子扁扁的。」繼續發展下去，幼兒像發現新大陸似的不斷地比較幾個胖扣子的高度等於幾個扁扣子的高度。經過多次試驗後，幼兒發現五個胖扣子等於八個扁扣子的高度。

幼兒遊戲

　　對幼兒而言，只要能勾起他們的興趣，任何物品都可以是玩物，任何時間、任何地點遊戲都可以發生。不過，能讓幼兒思考與建構知識的活動，常常比單調而反覆操作的活動，更能吸引幼兒持續探究問題的興趣，幼兒也比較能從中獲得較多的樂趣。

　　在「教學實例 10-6」中，教師原本只是要幼兒透過模仿去操作教具，但是這樣的操作方式對幼兒而言卻過於單調且缺乏挑戰性，所以幼兒很快就玩膩了。或許教室缺乏足夠的玩具，所以幼兒在「窮則變，變則通」的情況下，繼續以鈕扣發展出不同的玩法。不過幸好，當幼兒以不同於教師預設的玩法去玩時，教師並未加以干預或制止，幼兒的創意思考因此得以不斷湧現，並從中獲得遊戲的樂趣，以及數量的學習。

　　上述的活動雖然是教師刻意安排，但教師卻沒有介入或引導。不過，數學的學習較為抽象，有些不但需要透過教師規劃的活動去學習，更需要教師適度的引導。雖然，數學是較為抽象的知識，但是藉助具體實物，以及教師適當的引導，幼兒也能快樂的學習。以下是一個教學實例。

教學實例 10-7

　　老師帶著幼兒去跳遠，一開始大家輪流玩，看誰跳得比較遠。起初，每位幼兒都隨意從一個起點起跳。過一會兒，老師：「我們來看看誰跳得比較遠。」連續兩位幼兒跳完，老師：「誰跳得比較遠？」裕明：「我跳得比較遠。」老師：「到底誰跳得

258

比較遠？」其他幼兒：「裕明。」均祺：「裕明站得比較近，這樣不公平。」老師：「那怎樣才能公平？」幼兒：「一樣的地方出發。」大家找出一個共同的起點，繼續進行跳遠的活動。大家都跳完之後，老師：「我們跳了多遠呢？我們一起來將它紀錄下來。」老師請一位小朋友出來示範。幼兒跳完，走離落地點去拿測量工具。老師：「可是這樣我們怎麼知道，剛剛跳到哪裡啊？」老師和幼兒進行討論。幼兒：「拿在手上，別人幫他量。」老師將幼兒分組，之後各組自行去找一樣測量工具進行紀錄，而每一組選用的測量工具不盡相同，有的組選用彩色筆，有的組選用積木，還有的組選用手掌、調色盤等。

　　上述的跳遠活動雖然是事先規劃的課程，但是活動進行之初，教師並沒有給予幼兒太多的限制。活動進行一段時間之後，教師才提出問題引導幼兒去思考如何測量距離。教師所提的問題並沒有預設答案，且能根據幼兒的回答再提問題，引導幼兒深入探究並解決問題。或許是因為教師提供幼兒思考與建構知識的機會，因而能吸引幼兒積極地參與。以下是另二個教學實例。

教學實例 10-8

　　老師提供了二十張牌讓幼兒遊戲，每四張有相同的動物圖案，共有五個動物家族（鴨、羊、魚、牛、人）。每一個動物家族，則包括四個不同顏色的成員（紅、藍、黃、白）。遊戲的規

則是由幼兒輪流指定出特定的一張牌，例如：當指定出黃色的
羊，手中握有這張牌者，一定要交出。只要有人交出這張牌，幼
兒即可繼續再指定出另一張牌。否則，則輪由他人指定。當所有
的牌，被成組蒐集到時，遊戲即告結束，蒐集到最多組的幼兒即
是贏家。下面是遊戲的過程（引自 Devries & Kohlberg, 1987, pp.
75-76）。

老師：你們看這些牌裡面是不是有可以放入同一國的？

艾倫：有！黃色的一國。

茉莉：藍色的一國。

伊曼：白色的一國。

老師：還有沒有其他的分法？（老師提出這個問題，希望幼
　　　兒改變分類的方式）

伊曼：紅色的一國。

老師：[指著牌上的顏色]對！紅色的、黃色的、藍色的、白
　　　色的。（老師總結幼兒的話語，期使他們跳脫目前的
　　　分類標準）

　　　[幼兒跟著老師一起說]

老師：但是還有沒有別的方法，可以讓它們變成一國一國
　　　的？

艾倫：有吧！我們再想想看。

老師：你們認為還可以怎麼做？

伊曼：我可以……所有的魚放在一起。

艾倫馬上接著說：我想要選全部的羊。

老師對著茉莉：你想要選什麼？

茉莉：我喔？

老師：對啊！

[幼兒迅速地挑了自己要的牌]

艾倫：[拿起兩張羊]誰要全部的牛？

茉莉：給我。

教學實例 10-9

老師發給每一位幼兒如下的紙牌：八張棕色的狗，一張白色的狗，四張棕色的貓，四張黑色的貓，以及一張綠色正方形代表草地（引自 DeVries & Kohlberg, 1987, p. 62）。

老師：現在我們要把這些動物分成一國一國的。請你們先把所有的狗放在一國，再放到草地上。

[所有的幼兒遵照老師的指示開始進行]

老師：如果你要把所有的狗分到同一國，你會用這一張嗎？

[指著白色狗的圖卡]為什麼？

[幼兒回答錯誤]

老師：這也是狗，對不對？這張應該放到草地上，對不對？

[幼兒將卡片放到草地上]

上述兩個例子，都是教師引發的小組活動，都隱含教導幼兒分類之目的，但是前一個例子中，教師是透過提問題引導幼兒思考如何分

類，教師並未暗示幼兒如何做。教師在這個數學遊戲中，既是學習的參與者，也是促進者。在後一個例子中，教師則是直接告訴幼兒如何分類，幼兒只是照著教師的指示去做。

第三節　科學遊戲與學習

　　幼兒對外在世界充滿好奇心，常能為外物所吸引。他們也常常提出各式各樣的問題，教師若能順應幼兒這樣的特質，規劃合宜的課程，加上適當的引導，不但能引發幼兒的好奇心和學習動機，還能讓幼兒從中獲得自然科學的學習。科學探究活動需要教師事先規劃，但它是以幼兒為中心所進行的方案，是幼兒在教師引導下積極參與探究與意義建構的歷程。

　　在下述的科學活動中，幼兒即是經由教師的引導，積極地進行探究，並快樂地學習。

教學實例 10-10

　　引起動機時間，老師拿出桃花心木的種子：「小朋友，你們看這是什麼？」宏恩：「我知道！會飛飛。」世強：「對！還有螺旋槳。」奕芬：「是桃花心木！」品修：「不是啦！是桃花心木的種子。」此時，幼兒開始討論起來。

　　趁雨剛停，老師帶幼兒去戶外撿拾桃花心木的種子。不久，又下起雨，師生回到教室。老師：「你們有沒有人知道它（桃花

心木的種子）為什麼會旋轉？」幼兒搖頭。老師：「老師今天撿到一片葉子，它的形狀是不是跟桃花心木的種子很像呢？」幼兒點頭。老師：「你們覺得這片葉子會旋轉嗎？」宏恩：「不會！因為那個葉子比較胖。」老師：「那我把它剪瘦一點。」老師將葉子剪成跟桃花心木的種子一樣大小。老師：「好！你們猜猜它會不會旋轉？」有些幼兒：「不會！」有些幼兒：「會！」老師將剪好的葉子拋向空中，結果沒有旋轉。老師：「為什麼不會旋轉？」肇陽：「因為它（桃花心木的種子）的下面比較重。」老師：「那我們要怎麼把葉子下面也變重一點？」幼兒思索了一會兒。邵安：「把黏土黏在下面。」說完，邵安從櫃子拿了黏土並用雙面膠把它黏在葉子末端，但葉子仍不能旋轉。妙音：「我知道！邵安用的黏土太多，飛起來太重。」妙音將葉子拿過去，撥掉一半黏土，然後再將葉子上拋，葉子旋轉下飄。幼兒高興地叫了起來：「哇！會跟它一樣旋轉耶！」

　　戶外活動之後，老師教導幼兒利用紙片製作像桃花心木的種子一樣會旋轉飄下的玩物。老師：「今天要教你們一樣東西喔！這個東西會像桃花心木的種子一樣旋轉喔！要注意看老師做。」接著，老師說明作法。泰然：「要剪多長啊？」均祺：「剪這樣一點點可不可以？」老師：「你試試看，看看能不能飛？」全班幼兒都認真地製作，做完又去試飛。老師也請幼兒比較為什麼有些人做的能旋轉，有些則不能。整個早上全班幼兒都很守規矩，且都玩得很高興。

　　上述活動是教師事先規劃的課程，但能引發幼兒的興趣，在整個早上的活動中，幼兒都能積極參與。在這個過程中，教師首先透過實物呈現引發幼兒的興趣，接著透過提問引導幼兒觀察、比較，並提出假設，然後提供實際操作、觀察與驗證的機會。過程中有師生討論、戶外撿拾種子、幼兒自製玩物和操弄玩物的活動。幼兒在這些活動中，一直在積極思考，也發現其中的道理。以下是另一個教學實例。

教學實例 10-11

　　引起動機時間，李老師（實習老師）拿出一個黏有一條線的紙盒，問小朋友：「你們猜這是什麼？」幼兒：「線。」老師：「你們覺得它可以變成什麼？」幼兒：「電燈泡」、「掛在聖誕樹」、「禮物」、「行李箱」、「變成筆筒」、「變成香腸」。老師將紙盒放在風琴蓋中央，黏在紙盒的線之下半段貼著風琴邊緣自然下垂。老師：「如果老師把盒子和線放這樣，然後……」老師拿起一夾子，問：「這是什麼？」幼兒：「夾子。」老師：「那老師要問小朋友一個問題，如果老師把夾子夾在線上，會發生什麼事情？」幼兒：「那個會掉下來。」老師：「什麼會掉下來？」幼兒：「那個盒子掉下來。」老師：「啟肇，你來夾夾看。」啟肇將夾子夾到線上。老師：「有沒有掉下來？」幼兒：「沒有！」老師：「小朋友想想看，為什麼沒有掉下來？」幼兒：「因為太輕。」幼兒：「太重了。」幼兒：「因為夾子太輕了。」老師：「軒禹說太輕了，是不是這樣？」幼兒：「是！」

老師：「那再夾一個夾子，小朋友覺得會不會掉下來？」有的幼兒說會，有的說不會，老師再夾了一個，結果並沒有。老師：「為什麼還是沒有掉下來？」幼兒：「因為夾子太少」、「因為還是太重了」。宗佑：「因為那裡有彎下來，所以才不會掉。」（意指線在風琴邊緣垂下所形成的轉折）老師：「那讓它變直就會掉下來了嗎？」宗佑：「對，如果那個盒子在那裡的話，就會掉下來。」（意指如果盒子一半懸空，讓線直直垂下，盒子就會掉下來）老師：「宗佑說，如果讓盒子一半懸空，就可能會掉下來。」老師將盒子稍往外移，說：「那小朋友再想想看，看這樣會不會？」老師要夾第三個夾子，幼兒：「不會」、「要夾五個」、「再夾一個」。老師：「再夾一個就會嗎？」老師夾上第四個，盒子果然掉下。老師：「宗佑說讓盒子出來一點點，夾了四個夾子就掉下來了，那如果沒有像宗佑說的那樣放得很外面，而是把盒子放得很裡面，那夾了四個夾子，會發生什麼事？」幼兒：「盒子會掉下來。」老師把盒子丟在地上：「像這樣掉下去喔？」幼兒：「不會掉下來啊！」老師：「盒子會不會動？」幼兒：「不會。」老師：「不會喔，我們試試看好不好？」夾上第四個夾子時，盒子沿著風琴蓋平滑地移動，小朋友都很驚訝：「很像電梯」、「像盒子有腳」、「像有手有腳」。老師：「為什麼盒子會跑過去？」幼兒：「太重了！」老師：「什麼太重了？」幼兒：「夾子太重了！」有小朋友提出夾六個，所以又示範夾六個讓小朋友看看到底會怎樣，結果盒子掉到地上，小朋友很興奮。老師問大家夾四個和夾六個有什麼不一樣，幼兒：「像

車子」、「像電梯」、「夾六個比較重，就會拉得更快，盒子就跑得更快」。老師：「你們想不想做，等一下就讓你們做。」之後，老師又介紹了另一個自製的玩物。

接下來的分組時間，老師提供了大小不同的紙盒，很多幼兒各拿了一個紙盒興致高昂的做著重力車。做好之後，幼兒各拿了夾子，試試自己的重力車需要多少夾子才會移動。有位幼兒使用一個比較大的盒子做重力車，夾了好幾個夾子，盒子一直不動。老師：「為什麼他的會掉下來？你的為什麼不會？」幼兒：「太重了！」老師：「什麼太重了？」幼兒指著盒子：「這個。」老師：「再多加，是不是？」繼續夾夾子，夾了十個仍然不動。老師：「猜猜要夾幾個才會動？」在一旁的幼兒：「五百個。」幼兒：「五十個。」夾到第十六個夾子時，盒子終於移動了。老師請幼兒數數總共夾了幾支夾子，並問幼兒：「為什麼剛剛它一直不動？」幼兒拍拍盒子：「太重了。」

科學活動大都需要教師去引發，上述的活動透過操作能立即觀察到現象的變化，因而能引發幼兒高度的興趣，教師則透過提問，引導幼兒去思考其中的道理。這是「從遊戲中學習」的佳例。

雖然幼兒從自發的活動中能夠有所學習，但是透過教師所設計的活動，經由教師適切的引導，更能提升幼兒的學習層次。大腦神經科學的研究發現，單單受教育並不能保證頭腦一定比較好，除非腦部不斷接受挑戰，否則神經元會失去某些原已建立的連結（引自張琰譯，

1998，第 36 頁）。良好的引導是激發幼兒思考與挑戰幼兒能力的動力。

　　幼兒是透過上述這樣的探究過程，而不是紙筆作業簿反覆地練習進行學業的學習。不論語文、數學、科學的學習，幼兒階段最重要的是培養幼兒學習的動機與求知的渴望，有了學習的動機和求知的渴望才會積極地去探求知識。然而，要培養幼兒學習的動機，必須先讓幼兒享受求知的樂趣。幼兒教育者有必要向家長解釋分析，讓家長了解幼兒是透過上述的探究歷程進行認知的學習。教師亦有必要在幼兒的學習中提供適切的引導，以培養幼兒學習的動機，並激發幼兒較高層次的思考。

幼兒遊戲

第十一章
結論

　　本書從幼兒發展與幼兒教育的角度去探究幼兒的遊戲。首先，從發展與學習的角度出發，強調遊戲是由幼兒的內在動機所引起，它是幼兒自發或教師引發但幼兒積極參與的活動，應兼顧遊戲的過程與目的，重視幼兒在遊戲中的變通性，強調讓幼兒從遊戲中獲得樂趣並發揮思考與想像。

　　其次，探討遊戲與幼兒發展的關係。不過，有關的研究結果並不一致。有些研究顯示遊戲與發展有關，有些研究則發現兩者之間並不相關。不過，實驗研究則發現遊戲能增進幼兒的發展，但是遊戲對發展的影響還因遊戲的類型及幼兒的年齡而異。實驗研究顯示，社會劇遊戲或主題幻想遊戲能增進幼兒的智商，象徵遊戲能增進幼兒的保留能力，社會劇遊戲能增進幼兒的創造力、語文能力、觀點取替能力，以及和他人合作解決問題的能力。從實驗研究可見，對幼兒發展有所影響的主要是社會劇遊戲，其他類型的遊戲似乎對幼兒發展沒有影響。為什麼社會劇遊戲對幼兒發展有增進作用，而其他類型的遊戲沒有？推測可能的原因是研究方法的差異所致。研究中讓幼兒進行社會劇遊戲者都是給予數次的遊戲訓練，然後才評量幼兒在某一個發展層面的能力。然而，其他類型的遊戲則是在幼兒進行一次遊戲後，隨即評量其在某一個發展層面的能力。由此結果或許可以推論，遊戲對發

展的影響可能無法在短時間內立即看到效果。再者,在社會劇遊戲訓練中,實驗者都會給予幼兒某種引導,而在其他類型的遊戲中則沒有。由此結果可以推論:成人的引導應有助於幼兒在遊戲中的學習。

再者,本書從發展的角度去探討各類遊戲行為的發展。體能活動遊戲行為的發展,包括:規則的反覆、練習遊戲和打鬧遊戲三個階段。玩物遊戲的發展可以從幼兒能同時把玩多少物品、如何把玩物品,以及遊戲時間的長短去判斷。3 至 5 歲幼兒常見的玩物遊戲行為有功能性遊戲和建構遊戲。年齡較小的幼兒會出現較多的功能性遊戲行為,年齡較大的幼兒會出現較多的建構遊戲行為。象徵遊戲的發展可以從遊戲中所使用的玩物之外形、功用與實物的相似性、象徵動作和角色替換之複雜性去加以判斷。社會遊戲之發展包括:單獨遊戲、平行遊戲、聯合遊戲和合作遊戲等幾個層次。

玩物是幼兒在遊戲中的主要工具。遊戲若能增進幼兒發展,則玩物的功效應不可忽視。但是有關玩物與幼兒發展關係的研究很少,所以玩物與幼兒發展的關係仍不清楚。玩物是幼兒遊戲的主要工具,但有時卻因製造的不當而造成遊戲傷害。從玩物所造成的意外傷害,歸納出符合安全玩物的條件,包括:無毒、無裂縫、無尖角和銳邊、不會漏電、體積和配件不會太小等。

無論室內或戶外的遊戲都需要有規劃妥善,以及設備良好的遊戲環境。室內環境以空間密度適中又有適當區隔且安全者為宜,戶外遊戲場以安全而又能提供幼兒進行多樣化的遊戲活動和適度的挑戰者為佳。

成人在幼兒遊戲中扮演著重要的角色。從時間的掌控、空間的規

劃與布置、玩物和先備經驗的提供，到引導和參與幼兒的遊戲。成人要介入或參與幼兒的遊戲必須先透過觀察，了解是否去介入幼兒的遊戲、何時介入、如何介入，以提升幼兒遊戲行為的層次。介入之後又要適時退出，以還給幼兒遊戲的自主權。

教師事先規劃而能引起幼兒興趣且積極參與的活動，也是遊戲的一種。透過教師的適切引導，幼兒不但能享受遊戲的樂趣，思考層次還能有所提升，學習能力能更為精進。

總之，幼兒是遊戲行為的主體，隨著身心的發展而表現出不同方式的遊戲行為。從另一方面而言，幼兒的身心也在遊戲之中逐漸發展。玩物、遊戲環境和周圍的同儕或成人是支持幼兒遊戲行為發生的因素，而成人則是玩物的提供者與遊戲環境的安排者，這些因素交互作用影響著幼兒所表現的遊戲行為類型和層次。

 幼兒遊戲

參考文獻

中文部分

尹萍、王碧（譯）（2003）。你管別人怎麼想：科學奇才費曼博士（第三版）（原作者：R. P. Feynman）。天下文化。

方金鳳（2004）。自由遊戲時間同儕互動策略之研究（未出版之碩士論文）。國立屏東師範學院。

方瑞民（1983）。各國國民體格與體能之比較。國民體育季刊，16（3），56-58。

王雪貞、林翠湄、連廷嘉、黃俊豪（譯）（2002）。發展心理學（原作者：D. R. Shaffer）。學富。

王靜珠（1999）。幼兒視力保健與電腦。中華日報，3月22日。

充氣城堡爆炸4歲女童彈飛20呎墜地亡（2018年7月2日）。自由電子報，https://reurl.cc/qZq7m0

「充氣城堡」遭強風吹翻！釀1死6輕重傷6歲童半空摔落身亡（2018年5月31日）。EBC東森新聞，https://reurl.cc/vmxY5A

林美華（2004）。閱讀演奏會：探索幼兒教室裡的圖畫書閱讀遊戲（未出版之碩士論文）。國立臺東大學。

消費者文教基金會（1993）。「你的玩具」安全嗎？消費者報導，144，40-41。

消費者文教基金會（1995）。旋轉木馬的夢魘。消費者報導，168，63-65。

財團法人臺灣玩具暨兒童用品研發中心（2012）。http://www.ttrd.org.tw

高敬文、幸曼玲等人（1999）。幼兒團體遊戲。光佑。

高麗芷（1994）。感覺統合。信誼。

高雄旅遊網（2022）。衛武營都會公園內共融遊戲場。https://reurl.cc/rZVygN

張琰(譯)(1998)。腦力大躍進。平安文化。

教育部(2019)。幼兒園及其分班基本設施設備標準。作者。

陳淑敏(2002)。幼兒在社會戲劇遊戲中後設溝通語言之運用。行政院國家科學委員會研究報告。

陳淑敏(2016)。嬰兒觀察週記。（未出版）

陳淑敏(譯)(2010)。社會人格發展（第二版）（原作者：D. R. Shaffer）。華騰。

楊淑朱(1997)。幼兒在創造性與傳統式遊戲場遊戲行為之研究。心理。

經濟部標準檢驗局(2011)。標準檢驗局呼籲家長勿將非適用年齡玩具給幼童玩耍，以避免不必要之傷害。https://reurl.cc/KXo7rp

臺北市政府(2022)。共融式遊戲場。https://reurl.cc/7jqG31

潘慧玲(1994)。兒童角色取替研究。復文。

潘慧玲等人(1991)。兒童遊戲之研究。行政院國家科學委員會研究報告。

衛生福利部國民健康署(2019)。國民營養健康狀況變遷調查成果報告（2013-2016）。作者。

衛生福利部國民健康署(2022)。國民營養健康狀況變遷調查成果報告（2017-2020）。作者。

羅榮祥(無日期)。各行業附設兒童遊樂設施保養。各行業附設兒童遊樂設施安全管理人員研習講義。財團法人台灣玩具暨兒童用品研發中心。https://reurl.cc/rZVyDZ

🍄 英文部分

Alder, P. A., & Alder, P. (1986). *Sociological studies of child development*. Jai Press.

Almqvist, B. (1994). Educational toys, creative toys. In J. H. Goldstein(Ed.), *Toys, play, and child development*. University Press.

Avedon, E. M., & Sutton-Smith, B. (1971). *The study of games*. John Wiley & Sons.

Bateson, G. A. (1972). A theory of play and fantasy. In G. A. Bateson (Ed.), *Steps to an ecology of mind* (pp. 177-193). Chandler.

Beresin, A. R. (1989). Toy war games and the illusion of two-sided rhetoric. *Play & Culture, 2*, 218-224.

Berk, L. E., & Winsler, A. (1995). *Scaffolding children's learning*. National Association for the Education of Young Children.

Black, B. (1989). Interactive pretence: Social and symbolic skills in preschool play groups. *Merrill-Palmer Quarterly, 35*, 379-397.

Bodrova, E., & Leong, D. J. (1998). Adult influences on play. In D. P. Fromberg & D. Bergen (Eds.), *Play from birth to twelve and beyond*. Garland.

Bretherton, I. (1984). *Symbolic play*. Academic Press.

Bronson, M. B. (1995). *The right stuff for children birth to 8: Selecting play materials to support development*. National Association for the Education of Young Children.

Brown, N., Curry, N. E., & Tittnich, E. (1971). How groups of children deal with common stress through play. In G. Engstrom (Ed.), *Play*. National Association for the Education of Young Children.

Burns, S. M., & Brainerd, C. J. (1979). Effects of constructive and dramatic play on perspective taking in very young children. *Developmental Psychology, 15*, 512-521.

Chaille, C. (1977). *The child's conception of play, pretending, and toys: A developmental study of the symbolic play of 5-to 11-year old children*. Unpublished doctoral dissertation, University of California.

Chen, S. (1992). *Play interactions and perspective taking in preschoolers*. Unpublished doctoral dissertation, University of Wisconsin at Madison.

Chien, N. C., Howes, C., Burchinal, M., Pianta, R. C., Ritchie, S., Bryant, D. M.,

Clifford, R. M., Early, D. M., & Barbarin, O. A. (2010). Children's classroom engagement and school readiness gains in prekindergarten. *Child Development, 81*, 1534-1549.

Christie, J. F. (1983). The effects of play tutoring on young children's cognitive performance. *Journal of Educational Research, 76*, 326-330.

Christie, J. F., & Johnsen, E. P. (1989). The constraints of settings on children's play. *Play & Culture, 2*, 317-327.

Christie, J. F., & Wardle, F. (1992, March). How much time is needed for play? *Young Children*, 28-32.

Christie, J. F., Johnsen, E. P., & Peckover, R. B. (1988). The effects of play period duration on children's play patterns. *Journal of Research in Childhood Education, 3*, 123-131.

Cohen, D. (1987). *The development of play*. Routledge.

Connolly, J. A. (1980). *The relationship between social pretend play and social competence in preschoolers*. Unpublished doctoral dissertation, Concordia University.

Connolly, J. A., & Doyle, A. (1984). Relation of social fantasy play to social competence in preschoolers. *Developmental Psychology, 20*, 797-806.

Coplan, R. J., Schneider, B. H., Matheson, A., & Graham, A. (2010). Play skills for shy children: development of a social skills facilitated play early intervention program for extremely inhibited preschoolers. *Infant and Child Development, 19*, 223-237.

Coyle, E. F., & Liben, L. S. (2020). Gendered packaging of a STEM toy influences children's play, mechanical learning, and mothers' play guidance. *Child Development, 91*, 43-62.

Cross, G. (1997). *Kids' stuff: Toys and the changing world of American childhood*. Harvard University Press.

Dansky, J. L. (1980). Make-believe: A mediator of the relationship between play and associative fluency. *Child Development, 51*, 576-579.

Dansky, J. L., & Silverman, I. W. (1973). Effects of play on associative fluency in preschool-aged children. *Developmental Psychology, 9*, 38-43.

Dansky, J. L., & Silverman, I. W. (1975). Play: A general facilitator of associative fluency. *Developmental Psychology, 11*, 104.

DeVries, R., & Kohlberg, L. (1987). *Programs of early education*. Longman.

de Rivera, C., Girolametto, L., Greenberg, J., & Weitzman, E. (2005). Children's responses to educators' questions in day care playgroups. *American Journal of Speech-Language Pathology, 14*(1), 14-26.

Diamond, A., Barnett, W. S., Thomas, J., & Munro, S. (2007). Preschool program improves cognitive control. *Science, 318*, 1387-1388.

Disney, L., & Geng, G. (2021). Investigating young children's social interactions during digital play. *Early Childhood Education Journal, 50*, 1449-1459.

Disney, L., Barnes, A., Ey, L., & Geng, G. (2019). Digital play in young children's numeracy learning. *Australian Journal of Early Childhood*. https://doi.org/10.1177/1836939119832084

Doyle, A. B., & Connolly, J. (1989). Negotiation and enactment in social pretend play: Relations to social acceptance and social cognition. *Early Childhood Research Quarterly, 4*, 289-302.

Dunn, J., & Wooding, C. (1977). Play in the home and its implications for learning. In B. Tizard & D. Harvey (Eds.), *Biology of play*. Heinemann.

Eggum-Wilkens, N. D., Fabes, R. A., Castle, S., Zhang, L., Hanish, L. D., & Martin, C. L. (2014). Playing with others: Head Start children's peer play and relations with kindergarten school competence. *Early Childhood Research Quarterly, 29*, 345-356.

Eisiedler, W. (1985). *Fantasy play of preschoolers as a function of toy structures*. (ERIC NO ED 264025)

幼兒遊戲

Erikson, E. H. (1950). *Childhood and society*. W. W. Norton.

Erikson, E. H. (1977). *Toys and reasons*. W. W. Norton.

Fein, G. G. (1981). Pretend play in childhood: An integrative review. *Child Development, 52*, 1095-1118.

Feitelson, D., & Ross, G. S. (1973). The neglected factor-play. *Human Development, 16*, 202-223.

Fenson, L. (1984). Developmental trends for action and speech in pretend play. In I. Bretherton (Ed.), *Symbolic play*. Academic Press.

Fisher, R. K., Hirsh-Pasek, K., Newcome, N., & Golinkoff, R. M. (2013). Taking shape: Supporting preschoolers' acquisition of geometric knowledge through guided play. *Child Development, 84*(6), 1872-1878.

Fleer, M. (2010). *Early learning and development: Cultural-historical concepts in play*. Cambridge University Press.

Forman, G. E., & Hill, F. (1984). *Constructive play: Applying Piaget in the preschool*. Addison-Wesley.

Fox, N. (2009). *Thinking about the effects of early experience on brain and behavior: Lessons from the Bucharest Early Intervention Project*. Paper presented at the 39th annual symposium of the Jean Piaget Society.

Frost, J. L. (1992). *Play and playscapes*. Delmar.

Garvey, C. (1990). *Play* (2nd ed.). Harvard University Press.

General Recreation Inc. (n.d.). *Inclusive playgrounds: How to plan, design and build inclusive playground*. https://www.inclusiveplaygrounds.net/

Goldstein, J. H. (1994). Sex differences in toy play and use of video games. In J. H. Goldstein (Ed.), *Toys, play, and child development*. Cambridge University Press.

Golomb, C., & Cornelius, C. B. (1977). Symbolic play and its cognitive significance. *Developmental Psychology, 13*, 246-252.

Gredlein, J. M., & Bjorklund, D. F. (2005). Sex differences in young children's uses of tools in a problem solving-solving task: The role of object-oriented play. *Human Nature, 16*, 211-232.

Greenfield, P. M. (1984). *Mind and media.* Harvard University Press.

Griffing, P. (1983). Encouraging dramatic play in early childhood. *Young Children, 38*, 13-22.

Heseltine, P., & Holborn, J. (1987). *Playgrounds: The planning, design and construction of play environments.* Nichols.

Honig, A. S. (1998). Sociocultural influences on gender-role behaviors in children's play. In D. P. Fromberg & D. Bergen (Eds.), *Play from birth to twelve and beyond.* Garland.

Hughes, F. P. (1991). *Children, play and development.* Allyn & Bacon.

Hutt, C., & Bhavanani, R. (1976). Predictions from play. In J. S. Bruner, A. Jolly, & K. Sylva (Eds.), *Play.* Penguin.

Hutt, S. J., Tyler, S., Hutt, C., & Christopherson, H. (1989). *Play, exploration and learning.* Routledge.

Isenberg, J. P., & Jalongo, M. R. (1993). *Creative expression and play in the early childhood curriculum.* Macmillan.

Jeffree, D. M., & McConkey, R. (1976). An observation scheme for recording children's imaginative doll play. *Journal of Psycholoy and Psychiatry, 17*, 189-197.

Johnsen, E. P. (1991). Searching for the social and cognitive outcomes of children's play: A selective second look. *Play & Culture, 4*, 201-213.

Johnson, J. E. (1976). Relations of divergent thinking and intelligence test scores with social and nonsocial make-believe play of preschool children. *Child Development, 47*, 1200-1203.

Johnson, J. E., Christie, J. F., & Yawkey, T. D. (1987). *Play and early childhood development.* Scott, Foresman.

Johnson, J. E., Ershler, J., & Lawton, J. T. (1982). Intellective correlates of pres-

幼兒遊戲

choolers' spontaneous play. *Journal of General Psychology, 106,* 115-122.

Jung, J. (2013). Teachers' roles in infants' play and its changing nature in a dynamic group care context. *Early Childhood Reaserach Quarterly, 28,* 187-198.

Kamii, C. K., & DeVries, R. (1978). *Physical knowledge in preschool education: Implications of Piaget's theory.* Prentice-Hall.

Keenan, E. (1974). Conversational competence in children. *Journal of Child Language, 1,* 162-183.

King, N. R. (1979). Play: The kindergartener's perspective. *The Elementary School Journal, 80,* 81-87.

Kinsman, C. A., & Berk, L. E. (1979). Joining the block and housekeeping areas: Changes in play and social behavior. *Young Children, 35,* 66-75.

Kline, S., & Pentecost, D. (1990). The characterization of play: Marketing children's toys. *Play & Culture, 3,* 235-255.

Kooij, R., van der & Meyjes, H. P. (1986). Research on children's play. *Prospects, 16,* 49-66.

Kritchevsky, L., Prescott, E., & Walling, L. (1977). *Planning environments for young children: Physical space* (2nd ed.). National Association for the Education of Young Children.

Lancy, D. F. (1985). *Will video games alter relationship between play and cognitive development?* Paper presented at a Symposium on Play and Cognitive Development in Cross-Cultural Perspective at the Eight Biennial Meeting of the International Society for the Study of Behavioral Development.

Levine, S. C., Ratliff, K. R., Huttenlocher, J., & Cannon, J. (2012). Early puzzle play: A predictor of preschoolers' spatial transformation skill. *Developmental Psychology, 48*(2), 530-542.

Levy, A. K. (1984). The language of play: The role of play in language development. *Early Child Development and Care, 17*, 49-61.

Levy, J. (1978). *Play behavior*. John Wiley & Sons.

Li, A. K. (1978). Effects of play on verbal responses in kindergarten children. *Alberta Journal of Educational Research, 24*, 31-36.

Liberman, J. N. (1965). Playfulness and divergent thinking: An investigation of their relationship at the kindergarten level. *Journal of Genetic Psychology, 107*, 219-224.

Lillard, A. S., & Kavanaugh, R. D. (2014). The contribution of symbolic skills to the development of an explicit theory of mind. *Child Development, 85*, 1535-1551.

Lillard, A. S., Lerner, M. D., Hopkins, E. J., Dore, R. A., Smith, E. D., & Palmquist, C. M. (2013). The impact of pretend play on children's development: A review of the evidence. *Psychological Bulletin, 139*, 1-34.

Liss, M. B. (1991). The play of boys and girls. In G. Fein & M. Rivkin(Eds.), *The young child at play* (2nd ed.). National Association for the Education of Young Children.

Loughlin, C. E., & Suina, J. H. (1982). *The learning environment: An instructional strategy*. Teachers College Press.

MacNaughton, G. (1996). Is Barbie to blame? Reconsidering how children learn gender. *Australian Journal of Early Childhood, 21*, 18-24.

McCarthy, C. (2020). *6 reasons children need to play outside*. https://www.health.harvard.edu/blog/

McEwen, F., Happé, F., Bolton, P., Rijsdijk, F., Ronald, A., Dworzynski, K., & Plomin, R. (2007). Origins of individual differences in imitation: Links with language, pretend play, and socially insightful behavior in two-year-old twins. *Child Development, 78*, 474-492.

McPake, J., Plowman, L., & Stephen, C. (2012). Preschool children creating and communicating with digital technologies at home. *British Journal of Edu-*

cational Technology. https://doi.org/10.1111/j.1467- 8535.2012.01323.

Meacham, S., Vukelich, C., Han, M., & Buell, M. (2014). Preschool teachers' questioning in sociodramatic play. *Early Childhood Research Quarterly, 29*, 562-573.

Monighan-Nourot, P., Scales, B., Van Hoorn, J., & Almy, M. (1987). *Looking at children's play: A bridge between theory and practice*. Teachers College, Columbia University.

Moore, A., Boyle, B., & Lynch, H. (2021). Designing for inclusion in public playgrounds: A scoping review of definitions, and utilization of universal design. *Disability and Rehabilitation: Assistive Technology*. https://doi. org/10.1080/17483107.2021.2022788

Nichols, S., & Stich, S. (2000). A cognitive theory of pretense. *Cognition, 74*, 115-147.

Oppenheim, J. (1987). *Buy me! buy me! The bank street guide to choosing toys for children*. Pantheon.

Pack, A. R., & Michael, W. B. (1995). *A comparison of two methods of data collection in analyzing social and cognitive play behavior*. (ERIC No. ED 387506)

Parten, M. B. (1932). Social participation among preschool children. *Journal of Abnormal and Social Psychology, 27*, 243-269.

Pellegrini, A. D. (1980). The relationship between kindergarteners' play and achievement in prereading, language, and writing. *Psychology in the Schools, 17*, 530-535.

Pellegrini, A. D. (1986). Play centers and the production of imaginative language. *Discourse Processes, 9*, 115-125.

Pellegrini, A. D. (1988). Elementary-school children's rough-and-tumble play and social competence. *Developmental Psychology, 24*, 802-806.

Pellegrini, A. D. (1989). Categorizing children's rough-and-tumble play. *Play &*

Culture, 2, 48-51.

Pellegrini, A. D. (1991). Communicating in and about play: The effect of play centers on preschools' explicit language. In G. Fein & M. Rivkin (Eds.), *The young child at play* (2nd. ed.). National Association of Young Children.

Pellegrini, A. D. (1995). Boys' rough-and-tumble play and social competence. In A. D. Pellegrini (Ed.), *The future of play theory*. State University of New York Press.

Pellegrini, A. D., & Bjorklund, D. F. (2004). The ontogeny and phylogeny of children's object and fantasy play. *Human Nature, 15*, 23-43.

Pellegrini, A. D., & Galda, L. (1982). The effects of thematic-fantasy play training on the development of children's story comprehension. *American Educational Research Journal, 19*, 443-452.

Pellegrini, A. D., & Galda, L. (1991). Longitudinal relations among preschoolers' symbolic play, metalinguistic verbs, and emergent literacy. In J. F. Christie (Ed.), *Play and early literacy development*. State University of New York Press.

Pellegrini, A. D., & Smith, P. (1998). Physical activity play: The nature and function of a neglected aspect of play. *Child Development, 69*, 577-598.

Pepler, D. (1991). Play and creativity. In G. Fein & M. Rivkin (Eds.), *The young child at play: Reviews of research* (Vol. 4) (2nd ed.). National Association for the Education of Young Children.

Pepler, D. J., & Ross, H. S. (1981). The effects of play on convergent and divergent problem solving. *Child Development, 52*, 1202-1210.

Peters, D. L., Neisworth, J. T., & Yawkey, T. D. (1985). *Early childhood education: From theory to practice*. Brooks/Cole.

Phillips, R. (1945). Doll play as a function of the realism of the materials and the length of the experimental session. *Child Development, 16*, 123-143.

 幼兒遊戲

Phyfe-Perkins, E., & Shoemaker, J. (1986). Indoor play environments: Research and design implications. In G. Fein & M. Rivkin (Eds.), *The young child at play: Reviews of research* (Vol. 4). National Association for the Education of Young Children.

Piaget, J. (1954). *The construction of reality of the child*. Basic.

Piaget, J. (1962). *Play, dream, and imitation in childhood*. W. W. Norton.

Plowman, L., & McPake, J. (2013). Seven myths about young children and technology. *Childhood Education, 89*(1), 27-33.

Plowman, L., McPake, J., & Stephen C. (2010). The technologisation of childhood? Young children and technology in the home. *Children and Society, 24*(1), 63-74.

Plowman, L., McPake, J., & Stephen, C. (2008). Just picking it up? Young children learning with technology at home. *Cambridge Journal of Education, 38*(3), 303-319.

Provenzo Jr., E. F. (1998). Electronically mediated playscapes. In D. P. Fromberg & D. Bergen (Eds.), *Play from birth to twelve and beyond*. Garland.

Pulaski, M. A. (1973). Toys and imaginative play. In J. Singer (Ed.), *The child's world of make-believe*. Academic Press.

Ramani, G. B., & Siegler, R. S. (2008). Promoting broad and stable improvements in low-income children's numerical knowledge through playing number board games. *Child Development, 79*, 375-394.

Rand, M. K., & Morrow, L. M. (2021). The contribution of play experiences in early literacy: Expanding the science of reading. *Reading Research Quarterly, 56*(S1), S239-S248. https://doi.org/10.1002/rrq.383

Reifel, S., & Yeatman, J. (1993). From category to context: Reconsidering classroom play. *Early Childhood Research Quarterly, 8*, 347-367.

Rheingold, H. L., & Cook, K. V. (1975). The contents of boys and girls' room as an index to parental behavior. *Child Development, 46*, 459-463.

Rogers, C. S., & Sawyers, J. K. (1988). *Play: In the life of young children.* National Association for the Education of Young Children.

Rosen, C. (1974). The effects of sociodramatic play on problem-solving behavior among culturally disadvantaged preschool children. *Child Development, 45,* 920-927.

Roskos, K., & Neuman, S. (1993). Descriptive observation of adults' facilitation of literacy in young children's play. *Early Childhood Research Quarterly, 8,* 77-97.

Roskos, K., & Neuman, S. (1998). Play as an opportunity for literacy. In O. Saracho & B. Spodek (Eds.), *Multiple perspectives on play in early childhood education.* State University of New York Press.

Rubin, K. H. (1976). Relation betweem social participation and role-taking skill in preschool children. *Psychological Reports, 39,* 723-826.

Rubin, K. H. (1982). Nonsocial play in preschoolers: Necessarily evils? *Child Development, 58,* 651-657.

Rubin, K. H., & Daniels-Bierness, R. (1983). Concurrent and predictive correlates of sociometric status in kindergarten and grade one children. *Merrill-Palmer Quarterly, 29,* 337-351.

Rubin, K. H., Daniels-Bierness, T., & Hayvern, M. (1982). Social and social-cognitive correlates of sociometric status in preschool and kindergarten children. *Canadian Journal of Behavioral Science, 14,* 338-347.

Rubin, K. H., & Howe, N. (1985). Toys and play behavior: An overview. *Topics in Early Childhood Special Education, 5,* 1-9.

Rubin, K. H., & Howe, N. (1991). Social play and perspective-taking. In G. Fein & M. Rivkin (Eds.), *The young child at play: Reviews of research* (Vol. 4) (2nd ed.). National Association for the Education of Young Children.

Rubin, K. H., & Maioni, T. L. (1975). Play preference and its relatiohship to egocentrism: Popularlity and classification skills in preschoolers. *Merrill-Pal-

幼兒遊戲

mer Quarterly, 21, 171-179.

Rubin, K. H., Fein, G. G., & Vandenberg, B. (1983). Play. In P. H. Mussen(Ed.), *Handbook of child psychology* (pp. 693-759). John Wiley & Sons.

Saltz, E., & Johnson, J. (1974). Training for thematic-fantasy play in culturally disadvantaged children: Preliminary results. *Journal of Educational Psychology, 66*, 623-630.

Saltz, E., Dixon, D., & Johnson, J. (1977). Training disadvantaged preschoolers on various fantasy activities: Effects cognitive functioning and impulse control. *Child Development, 48*, 367-380.

Saltz, R., & Saltz, E. (1986). Pretend play training and its outcomes. In G. Fein & M. Rivkin (Eds.), *The young child at play* (2nd ed.). National Association for the Education of Young Children.

Saracho, O. (2004). Supporting literacy-related play: Roles for teachers of young children. *Early Childhood Education Journal, 31*(3), 201-206.

Scott, F. L. (2021). *Digital technology and play in early childhood.* https://reurl.cc/7jqGNl

Shore, C. (1986). Combinatorial play, conceptual development, and early multiword speech. *Developmental Psychology, 22*, 184-190.

Shultz, T. R. (1979). Play as modulation. In B. Sutton-Smith (Ed.), *Play and learning*. Gardner.

Silvern, S. B. (1998). Educational implications of play with computers. In D. P. Fromberg & D. Bergen (Eds.), *Play from birth to twelve and beyond*. Garland.

Simon, T., & Smith, P. K. (1985). Play and problem solving: A paradigm questioned. *Merrill-Palmer Quarterly, 31*, 265-277.

Singer, D. G., & Rummo, J. (1973). Ideational creativity and behavioral style in kindergarten aged children. *Developmental Psychology, 8*, 154-161.

Singer, J. L. (1994). Imaginative play and adaptive development. In J. H. Goldstein (Ed.), *Toys, play, and child development*. Cambridge University Press.

Skene, K., O'Farrelly, C. M., Byrne, E., Kirby, N., Stevens, E. C., & Ramchandani, P. G. (2022). Can guidance during play enhance children's learning and development in educational contexts? A systematic review and meta-analysis. *Child Development, 93*, 1162-1180.

Smilansky, S. (1968). *The effects of sociodramatic play disadvantaged preschool children*. John Wiley & Sons.

Smilansky, S., & Shefatya, L. (1990). *Facilitating play: A medium for promoting cognitive, socioemotional, and academic development in young children*. Psychosocial & Educational Publications.

Smith, P. K., & Bennett, S. (1990). Here come the steel monsters! *Changes, 8*, 97-105.

Smith, P. K., & Connolly, K. L. (1980). *The ecology of preschool behavior*. Cambridge University Press.

Smith, P. K., & Dutton, S. (1979). Play and training in direct and innovative problem solving. *Child Development, 50*, 830-836.

Smith, P. K., & Syddall, S. (1978). Play and non-play tutoring in preschool children: Is it play or tutoring which matters? *British Journal of Educational Psychology, 48*, 315-325.

Smith, P. K., & Whitney, S. (1987). Play and associative fluency: Experimenter effects may be reponsible for previous findings. *Developmental Psychology, 23*, 49-53.

Smith, P. K., Takhvar, M., Gore, N., & Vollstedt, R. (1985). Play in young children: Problems of definition, categorisation and measurement. *Early Child Development and Care, 19*, 25-41.

Stallings, J. (1975). Implementation and child effects of teaching practices in follow through classrooms. *Monographs of the Society for Research in Child Development, 40*, Serial No. 163.

Straker, L., Zabatiero, J., Danby, S., Thorpe, K., & Edwards, S. (2018). Conficting guidelines on young children's screen time and use of digital technology create policy and practice dilemmas. *The Journal of Pediatrics, 202*, 300-303.

Sutton-Smith, B. (1966). Piaget on play: A critique. *Psychological Review, 73*, 104-110.

Sutton-Smith, B. (1967). The role of play in cognitive development. *Young Children, 22*, 361-370.

Sutton-Smith, B. (1968). Novel responses to toys. *Merrill-Palmer Quarterly, 14*, 151-158.

Sutton-Smith, B. (1986). *Toys as culture*. Gardner.

Sutton-Smith, B. (1988). War toys and childhood aggression. *Play & Culture, 1*, 57-69.

Sylva, K. (1977). Play and learning. In B. Tazard & D. Harvey (Eds.), *Biology of play*. Heineman.

Sylva, K., Bruner, J., & Genova, P. (1976). The role of play in the problem-solving of children 3-5 years old. In J. Bruner, A. Jolly, & K. Sylva(Eds.), *Play: Its role in development and evolution*. Penguin.

Sylva, K., Roy, C., & Painter, M. (1980). *Childwatching at playgroup and nursery school*. High/Scope Press.

Taharally, L. C. (1991). Fantasy play, language and cognitive ability of four-year-old children in Guyana, South America. *Child Study Journal, 21*, 37-71.

Takhvar, M. (1988). Play and theories of play: A review of the literature. *Early Child Development and Care, 39*, 221-244.

Takhvar, M., & Smith, P. (1990). A review and critique of Smilansky's classification scheme and the nested hierarchy of play categories. *Journal of Research in Childhood Education, 4*, 112-122.

Thelin, B. (1986). What to do about war toys: The Swedish experience. *Prospects, XVI*, 505-511.

Tompkins, V., Zucker, T. A., Justice, L. M., & Binici, S. (2013). Inferential talk during teacher-child interactions in small-group play. *Early Childhood Research Quarterly, 28*, 424-436.

Trawick-Smith, J. (1994). *Interactions in the classroom: Facilitating play in the early years*. Macmillan.

United States Consumer Product Safety Commission. (1985). *Guidelines for relating children's ages to toy characteristics*. Author.

United States Consumer Product Safety Commission. (1994). *Handbook for public playground safety*. Author.

Van Hoorn, J., Nourotm, P., Scales, B., & Alward, K. (1993). *Play at the center of the curriculum*. Macmillan.

Vandenberg, B. (1981). The role of play in the development insightful tool-using strategies. *Merrill-Palmer Quarterly, 27*, 97-109.

Verdine, B. N., Golinkoff, R. M., Hirsh-Pasek, K., Newcome, N. S., Filipowicz, A. T., & Chang, A. (2014). Deconstructing building blocks: Preschoolers' spatial assembly performance relates to early mathematical skills. *Child Development, 85*, 1032-1076.

Vygotsky, L. S. (1966). Play and its role in the mental development of the child. *Soviet Psychology, 12*, 62-76.

Vygotsky, L. S. (1978). *Mind in society: The development of higher mental processes*. Harvard University Press.

Wegener-Spohring, G. (1989). War toys and aggressive games. *Play & Culture, 2*, 35-47.

Wells, G. (1995). Language and the inquiry-oriented curriculum. *Curriculum Inquiry, 25*(3), 253-269.

Wenger, I., Schulze, C., Lundström, U., & Prellwetz, M. (2021). Children's per-

幼兒遊戲

ceptions of playing on inclusive playgrounds: A qualitative study. *Scandinavian Journal of Occupational Therapy, 28*, 136-146.

Williamson, P. A., & Silvern, S. B. (1991). Thematic-fantasy play and story comprehension. In J. F. Christie (Ed.), *Play and early literacy development*. State University of New York Press.

Wing, L. A. (1995). Play is not the work of the child: Young children's perceptions of work and play. *Early Childhood Research Quarterly, 10*, 223-247.

Winn, M. (1977). *The plug-in drug*. Penguin.

Wolfgang, C. (1974). An exploration of the relationship between the cog-n itive area of reading and selected developmental aspects of children's play. *Psychology in the Schools, 11*, 338-343.

Wood, D., McMahon, L., & Cranstoun, Y. (1980). *Working with under fives*. High/Scope Press.

Wood, E. (2010). Developing integrated pedagogical approaches to play and learning. In P. Broadhead, J. Howard, & E. Wood (Eds.), *Play and learning in education settings*. Sage.

Yawkey, T. D., & Pellegrini, A. D. (1984). *Children's play: Developmental and applied*. Lawrence Erlbaum Associates.

Youngquist, J., & Pataray-Ching, J. (2004). Revisiting "play": Analyzing and articulating acts of inquiry. *Early Childhood Education Journal, 31*(3), 171-178.

Zabatiero, J., Mantilla, A., Edwards, S., Danby, S., & Straker, L. (2018). Young children and digital technology: Australian early childhood education and care sector adults' perspectives. *Australasian Journal of Early Childhood, 43*(2), 14-22.

國家圖書館出版品預行編目（CIP）資料

幼兒遊戲／陳淑敏著. --四版.-- 新北市：心理出版社
股份有限公司，2023.02
　　面；　公分.--（幼兒教育系列；51227）
　　ISBN 978-626-7178-44-7（平裝）

　　1. CST: 幼兒遊戲　　2. CST: 學前教育
　　3. CST: 兒童發展

523.13　　　　　　　　　　　　　　　　112000427

幼兒教育系列 51227

幼兒遊戲（第四版）

作　　　者：陳淑敏
總 編 輯：林敬堯
發 行 人：洪有義
出 版 者：心理出版社股份有限公司
地　　　址：231026 新北市新店區光明街 288 號 7 樓
電　　　話：(02) 29150566
傳　　　真：(02) 29152928
郵撥帳號：19293172 心理出版社股份有限公司
網　　　址：https://www.psy.com.tw
電子信箱：psychoco@ms15.hinet.net
排 版 者：辰皓國際出版製作有限公司
印 刷 者：辰皓國際出版製作有限公司
初版一刷：1999 年 8 月
二版一刷：2005 年 3 月
三版一刷：2016 年 9 月
四版一刷：2023 年 2 月
四版二刷：2024 年 9 月
Ｉ Ｓ Ｂ Ｎ：978-626-7178-44-7
定　　　價：新台幣 300 元